本物のリーダーは引っ張らない

チームをつくる4つの感情スイッチ

河合太介

はじめに

リーダー職に悩んでいる人は非常に多い。また、私なんてリーダーには向いていない、あるいは、リーダーにはなりたくないという人も多い。実際、管理職に昇進したくないと考える一般社員は六割いるそうだ（二〇一八年版『労働経済の分析』厚生労働省）。

実際、上司という立場になった人の最大の悩みは部下である。どうして部下が動いてくれないのか。どうやったら部下を巻き込むことができるのか。こうした悩みに苛《さいな》まれる上司は多い。中には、そんな部下マネジメントが面倒となり、上司としての仕事は形ばかりで、もっぱら自分の業務だけにいそしむ人もでてくる。

一方、職場において、部下の最大の悩みは上司である。上司が誰か、によって仕事の楽しさや職場の雰囲気、そして自分のやりがいや成長実感は大きく変わってしまう。

実は、部下をうまくマネジメントできず悩んでいる上司と、部下にとって悩み深い上司とは、同じ人である。それは、単純に「指示・命令をして自分に従わせること」がリーダーとしての行動になってしまっている人、あるいは上司になったらそうできると思っている人である。

これは明らかにリーダーとして「引っ張る」という言葉の趣旨の履き違えである。犬や猫などであっても、首に縄をつけて無理やり引っ張って従わせようとしたら、嫌がる。ましてや人間がそのようにされて心地良く動けるはずがない。

しかし、現実社会においては、リーダーの立場になった人の行動の基軸が、自分に従わせようとすることになっている場合は多い。

たとえば、リーダー研修の場で、自分の行動の癖(課題だと思う習慣)を内省してもらうと、頻出する行動に次のようなものがある。

・答えを言ってしまう
・自分と違う考えに対しては否定から入ってしまう
・自分の考えを押し付けてしまう(反論できなくしてしまう)
・自分のスタンダードで何もかも見極めようとしてしまう
・話を遮ってしまう
・自分ばかりが話しすぎる

・指示を細かく与えすぎる
・自分でやってしまう（我慢できない、自分でやったほうが早いと思うから）

これらはすべて、心のどこかで自分こそが「正しい」と考え、そんな「正しい」自分に従わせようとしてしまうことに起因する行動である。
では、質問。自分が部下の立場で、これらの行動をされたら、仕事のモチベーションがあがるだろうか。このリーダーにはついていきたい、と心から思えるだろうか。

上司に従って、指示の通りやっていれば成果が出るのであればまだしも、変化が激しく、物事の陳腐化が早く、過去の経験則が決して正解にならない時代である。大きな成果に結びつかないであろうことにエネルギーを使わされれば、現場は疲労感が蓄積し、部下は所属する会社や職場での自分の未来に希望を感じなくなる。また、それでも成果をひねりだそうとリーダーが力で従わせる行為をエスカレートさせると、それはやがて組織の不正につながるリスクを高める。

人には、人それぞれの強みや持ち味がある。逆に言えば、すべてに万能な人はまずいない。リーダーの立場の人も同様である。自分の力を過信せず、人の力を借りて、それぞれの強みや持ち味を活かして、結び付けて、チームで仕事をしない限り、大きな成果を出すことはできない。それを一人でやろうとすると、仕事の多重債務に陥り、結果、忙しいばかりで何をやっているのかわからないような状態になり、リーダー自身が一番疲れてしまう。

部下はその姿を見て、こんなのがリーダーだったら自分はリーダーにはなりたくないと思ってしまう。誰も明るい状態にも、幸せにもならない。ということは、どこかリーダーシップの在り方が根本的に間違っていると思わなければいけない。

二五年を超えるコンサルティング人生の中で、役職にかかわらず、リーダーとして素晴らしい人たちに数多く出会ってきたが、その人たちには共通項が二つある。

一つは、目標を追いかける姿勢がチームの誰よりも厳しいということである。ここが適当な人、基準が低い人がリーダーとして成功することはまずない。

しかし、肝心なのは共通項の二つ目である。それは、部下の「心」に誰よりも正面から向き合おうとすることである。リーダーシップは必ず相手がある行為であり、それは人が人に対して行うことである。それゆえ、人として相手の心をつかまない限り、正論を並べたところで、人は動いてくれない。人の心をつかむのはテクニックではない。では、部下の心をつかむ本物のリーダーは何をやっているのか。じつはそれは、リーダーとしてというよりも、人として「あたり前だけれど大切なこと」の実行である。

せっかく一つ目にあげたことは持っていても、二つ目のことが実行できている人は、意外と少ない。結果、本当のチームがつくれず、志《こころざし》は立派だけれどうまくいかない人や、最初は（考えが当たって）うまくいったとしても途中からダメになる人や、難しい局面になったらダメになってしまう人もたくさん見てきた。

心という感情の関係性というベースがあってはじめて、部下はリーダーの厳しい一面も受け入れることができるし、さらには、目標を一緒に追いかけたいという気持ちが湧くのである。

では、この本物のリーダーが実践している「あたり前だけれど大切なこと」とは何か。本書はそれを明らかにしたいと考える。

読者の方に、難解な言葉ではなく、できるだけわかりやすい言葉で伝えたい、また、イメージしやすいように届けたいとの思いから、あえて会話調の「物語」仕立てにした。

登場人物は以下の四名である。

①佐藤浩二　昔ながらの体育会系スタイルのリーダーシップを実践。うまくいっておらず、今どきの若者は難しいと強がるものの、このままではダメだと薄々は気づいていて、悩んでいる

②高野賢介　プレーヤーのエースが、期待されてリーダーを任されたのだが、リーダーになった途端、成果が上手《うま》く出せない。どうしてこんなにチームがまとまらないのかと悩んでいる

③牧村美香　女性登用推進の流れを受けてリーダーに命じられたが、自信がなく、リーダーなんて自分には無理だと思って、悩んでいる

④ママ　ワインバーを経営するオーナー女性。「あたり前だけれど大切なこと」に関する本物語のキーパーソン

肩の力を抜いて楽しく読んで頂き、リーダーの人も部下の人も、働くすべての人が仕事や職場が楽しい、やりがいがあるという状況が少しでも広がってくれれば、幸甚である。

目次

本物のリーダーは引っ張らない

第1章
私たち上司に苦労しています

「まったくさ、ホントやってられないんだよね、うちの上司」

「なになに、また何かあったの？」

ここは都内某所のワインバー。新しい店ができては消えの繰り返しのようなこの街では珍しく、もう二〇年近く繁盛し続けている。堅苦しい感じがなく、一人はもちろん、カップル、グループ、そして老若男女問わず、安くて質の良いワインとそれにあったセンスの良いつまみ料理が楽しめる。いわゆる使い勝手が良いバーだ。

いつも通り賑わう金曜日の夜、カウンター後ろのテーブル席で、若いサラリーマンが二人、職場での不満を愚痴《ぐち》っていた。

「今週の火曜日に、うちの部署が引き受けることになったプロジェクトのプレゼンテーションがあったの」

「うん、それで」

「正直さ、そのプロジェクト自体、どうしてそんなこと今やらなくちゃいけないんだろうって、よくわからないものでさ。しかも、なんでうち？　みたいな感じなの」

「あるよね、そういうの」

「ホント、困るんだけどさ。でさ、上司が俺のところに来て、プレゼンテーションに必要な資料づくりを君がやってくれないか、っていうわけ」

「出たね、**丸投げ上司**」

「ホント、いいかげんにしてくれだよね。だいたいさあ、俺だって暇なわけじゃなくてさ。そんな急に言われても、どうやってその仕事量こなしたらいいんですか、ってこっちが訊《き》きたくなるよ」

「ああなるほどね。**でもあるよね、上司って。その業務にどれくらいの負荷がかかるかわかっていないまま、こっちの都合を無視して、仕事押し込んでくる**っていうの」

「ホント、全然わかっていないでしょ。わかっていたら、そんな気軽に、『これやっておいて』なんて、部下に頼めないっしょ。それとさあ、その業務にどれくらいの負荷がかかるかだけでなく、そもそも、俺たち**部下が、一人ひとり、どういう仕事を、どれだけの業務量抱えているのか、それで、今部下がどんな状況なのか、ってこともよくわかっていない上司もいる**でしょ」

「いるねえ。っていうか、けっこう普通にいるよね」

「そうなんだよね。で、そのザ・典型上司が、うちの上司！」

「で、お前、それでどうしたの？」

「さすがに、これ引き受けたらパンクしそうだし、何かその仕事頑張っても、実りが少なそうな感じだったから、『すいません、今ちょっと忙しいんで』って、断ろうとしたわけ」

「おっ、勇気あるね。部下の反乱だ（笑）。で、そしたら？」

「そうしたらさあ、返ってきたのが『いや、忙しいのはみんな同じだから。君だけが特別というわけじゃないんだから』って」

「マジですか！」

「マジでマジで。いや、まあ、おっしゃることその通りですけれどね。確かに俺だけが特別、というわけではないんだけど。だけどさあ……、ってあるじゃん」

「あるある。で、それで素直に引き受けたわけ？」

「いやいや、そういうわけにもいかないでしょ」

「きたね。部下の反乱2！」

「そもそも、さっきも言ったけど、なんでそのプロジェクトを今、うちがやらなくちゃいけないのかって、そこが腑《ふ》に落ちていないからさ。そこが気持ち的に前のめりになれない一番大きな原因なのよ。それで訊いたの。プロジェクトの目的とか、なんで今なんですかとか」

「まあ、至極真っ当な質問だよね。そうなんだよね、そういう**目的とかＷＨＹみたいなところがけっこう大切だよね。それが腹に落ちると、よし、まあ忙しいけれど頑張ってみようという気持ちになる**からね。ホント、すごく大事なところ。で、そのプロジェクトの場合は、どういうことだったの？」

「もうマジ泣けてくるんだけどさあ。言うに事欠いてなんて言ったと思う？」

「いや、お前の会社の上司のことだから、俺はよくわからん」

「それがさあ、**『部長が決めたことだし、部長が言っているんだから』**だぜ」

「すげえ。爆笑ものだね。ある意味すごいわ、お前の上司」

「だろ。俺、椅子からころげ落ちそうになったよ。あきれて顎《あご》が外れる瞬間って、あーいうときを言うんだろうな。部長が決めたことなんだからというのが理由だぜ。それで、この忙しいときに、俺たちにやれだぜ。

しかもだよ、自分が動いて自分が大変なところをやるっていうなら、まだ手伝ってあげようかなって気にもなるけど、結局一番大変な資料づくりは、俺にそのままパスして丸投げっていうんだからさ。まったくやる気なくなるわけよ」

「心中お察しするよ。それはきついね」

「俺の上司見ていると、ホント上司っていいよなってつくづく思うよ。**上から言われた仕事をそのまま部下にパスしてそれで仕事終了**だろ。で、何か部下に反抗的なことを言われたら、部長が決めたことだからとか、社長が決めたことだからとか言って。それで部下に仕事押しつけちゃえばいいんだから」

「で、結局それでプロジェクトの資料づくりやることになったんだ」

「まあ、そうなんだけどさ。最悪なのが、その後でさ」

「そう言えば、今週の火曜日にプレゼンがあったって言ってたよね。何かそこであったの？」

「最初から嫌な予感はしていたんだけどさ。最終的には資料づくりだけでなく、プレゼンも俺がやることになってさ」

「話を聞いていると、お前の上司ならやりかねないな。もう、ちょっとやそっとでは驚かされなくなっているよ、俺も」

「それでさ、この前の火曜日のプレゼンは、それ自体は最初のキックオフみたいなものだし、時間も質疑応答入れて三〇分しかないから、プレゼンに使う資料に関しては、目的とか、ゴールイメージだとか、協力して欲しい部署とか、あとは最低限の他社事例の情報くらいでいいかなと」

「うん、まあ、そんな感じだろうね」

「そうだろ。これだったらプレゼンの資料も、今回はそんなに凝ったものにする必要もないし、ワードで作った文章資料でも十分かなと。まあ、他社事例の情報くらいは、少しパワーポイントを使った絵の資料を数枚つくって、ぐらいのイメージだったわけ」

「ということは、だんだんそれが違ってきたわけだ」

「そうなんだよ。何かさあ、**うちの上司、自分では何も手を動かさないくせして、俺には細かいところをぐちぐち言ってきてさ**。ここはこうしたほうがいいとか、そんな数枚ばかりの資料じゃあ、こちらが手を抜いているように思われるだろうとか」

「**箸の上げ下ろし指示**をやってきたわけだ」

「ホント。それが的を射た的確な指導だったらいいよ。こっちも勉強になるしさ。だけど、そうじゃない。ホント、どうでもいい細かいことだとか、どっちでもいいだろ、と思うようなことをいちいち言ってくるわけよ」

「わかる。そういうことされるとさあ、だったらお前がやれよ、って気持ちになるよな」

「まさしく。だったらお前がやれよって、俺も何回口から出かかったことやら。

だいたいさあ、**資料なんてシンプルなほうがいい**だろ。別にそれ**パワーポイント使う意味ありますかって資料まで使う必要ない**じゃん。しかもだよ、うちの上司、本当に小心者でさあ、もしこういう質問されたらどうするんだ、そのときのためのデータはあるのかとか、そうした資料はそろえてあるのかって。

とにかくさあ、出席者から質問されてうまく答えられなかったらどうしようと。まあ、これもさあ、結局その上司が自分のためにやっていることなんだよね」

「自分のため?」

「プレゼンの場で、他の管理職から質問されるとするじゃん。そのときもし、うまく答えられないとするじゃない。そうすると、同席している部長から、お前は何をやっているんだという目で見られるわけじゃない。そうなると、自分の評価に響くでしょ。結局は、そういう事態を避けたいんだろうね。無意識のうちの自己防衛本能というのかな」

「ちっちゃいねえ」

「ちっちゃい、ちっちゃい。でもさ、そうした上司の自己防衛本能のつけはこっちに回ってくるんだよね」

「どういうこと?」

「つまりさあ、万一の質問や突っ込みからの防波堤のための資料づくりも、結局は俺がしなくちゃいけなくなるわけ」

「あっ、そういうこと」

「そういうこと。そのうえさあ、なんていうのかなあ、**資料のボリュームで『頑張っている感』を見せよう、アピールしようとするところがある**からさあ、とにかくやたらと資料つくることになっちゃってさ」

「うわ、しんどいねえ」

「しんどい、しんどい。それでだ。当日、プレゼン前に資料をあらかじめテーブルに配付しておくじゃない。席に着いた出席者からは、『おっ、何か今日は分厚いなあ』って言われるわけ。

それ、俺の本意ではないから、嫌味にも聞こえるしさあ。正直恥ずかしくて苦笑いしかできないの。その隣で、うちの上司が何か誇らしげにしているのが見えると、軽く腹立ってきて」

「そのときの光景が見えるね。目に浮かぶわ」

「でさあ、そんな分厚い資料を数分で読めるわけないじゃん。みんなさあ、ペラ〜って、パラパラ漫画をめくるように、ざっと確認するだけ」

「まあ、そんなもんだよね」

「うん、まあそうなんだよ。それで時間がきたから予定通りプレゼンしたわけだ。でもさあ、プロジェクター使って、スライド説明するから、始まると結局資料なんて誰も見ていないんだよね」

「それもよくあるなあ。なんで同じ内容の資料を配付するんだろうって思うけどね。お前、あれもらって戻ってから見返したことある？」

「いや、ほとんど見返さないよ」

「だろ。あれ、なんだろ。俺なんかには無駄に思えるんだけどなあ。たいして見ることもない資料づくりっていうの？　紙の無駄ってのもあるけど、そのために調べたりパソコン向かったり、それを印刷したりホチキスで止めたり。そういう準備のための時間も無駄だよなあ、って思いながらやるときあるよ」

「うん、何かさ、手元に紙の資料がないと落ち着かないというか、安心しない人もいるみたいなんだよね。まあ、じゃあ、それでその資料に真剣にメモを取っているかというと、そういうわけでもないんだけどね」

「そうなんだよなあ……。ああ、ごめん話そらしちゃった。で、なんだったっけ、プロジェクターと同じ内容の資料なんて結局は誰も見ないってところだったよな」

「ああ、そうそう。それでまあ説明を終わって、質疑応答の時間になったわけ。案の定、最初のうちはなかなか手があがらないんだけどさあ。一応二人手があがって。ま、そのうちの一人は誤字指摘だったけど」

「いるいる、あるある、だね」

「うん、まあ、それで鬼の首を取ったような態度を取る人でなかったからよかったけどね」

「あ～、ときどきいるからな、そういうタイプの人。そういう人に限って、会議の雰囲気を悪くするというか、意見言いにくい雰囲気にしてしまう、みたいな。でも今回の人はそういう人じゃなかったんだ。いい人」

「そうそう、いい人。誰も手をあげないし、何か手をあげて反応してあげなくちゃなあ、みたいな感じで言ってくれた人」

「そりゃよかった。で……」

「そうそう、それでもう一人の人はきちんとした質問で、まあ、口頭で簡単に答えられる質問だったんだけど。一応、俺もつくった資料がもったいないから、お手元の資料ナンバーいくつを見てくださいって。それも結局はプロジェクターで映して説明したから、紙はいらなかったんだけどね」

「ふーん」

「でもさ、結局、つくったけど使わなかった資料がすごくあるんだよね。そうすると、これつくるのに、どれだけ時間をかけたのかと思うと空《むな》しくなってきて。

自分から必要だと思って作ったのならまだいいよ。だけどさ、**全体像が見えていない上司の、とにかく準備しろという指示**。しかも部長が言っているんだからという、上司本人の志も見えない指示でやった仕事がさ、結局は使われないものがたくさんありました、ってなるとホントやる気がなくなるっていうか、疲れたっていうか。

しかもまだ始まったばかりで、最初からこうでしょ。これがプロジェクト期間中、ずっと続くかと思うと憂鬱《ゆううつ》になってきちゃって」

「まあ、まあ、そう落ち込むなって。そういうことうちの会社だってあるし、俺もあるよ。なんて言うのかな、やらなくてはいけないことと、やっておいたほうがいいかもということの線引きを上司ができていなくて、とにかくそれがごっちゃまぜになって、全部俺たちに降りかかってくるっていうの？　そういうときはだいたい、つくらせておきながら使わない資料とか、ホント多くて。担当者泣かせっていうのか、部下泣かせっていうのか、トホホとくるよな。疲労感とストレスの元だよ、まったく」

「働き方改革っていうじゃない。残業するな、でも売上は下げるなって。そのために時間効率あげろ、生産性あげろって。でもさあ、いくら**労働時間短縮しても、一人ひとりが時間効率あげようと思って努力しても、結局上司がこういう仕事のさせ方を部下にしていたら、どうしようもない**でしょ。日本の働き方改革の本質はここじゃないの？ ここを変えて頂戴よ、って俺なんか思っちゃうんだけどね」

「同感、同感。あとさあ、**社内用の資料づくり？ あれもやめて欲しい**よね。時間の無駄というか」

「あ～、あれね。社内で稟議《りんぎ》を通すための資料づくりね。ホント、マジやめて欲しい。途中でNG食らって、もう一回つくり直したりさ。組織だから必要性は認めるけどさあ、ハンコ押す人の数が多いと、どんどんどんどん、意思決定が遅くなっちゃって。今のスピードの時代、時間効率をあげないといけないっていう時代に逆行しているんじゃないかって思いながらやっているよ。言えないけどね」

「言えない言えない。でも、俺ら、おちょくって、陰では『スタンプラリー』って言ってるよ」

「スタンプラリーか。うまいこと言うね。最後はボスキャラの印鑑もらって完了！ みたいな。

でも、ホント**内向きの仕事が多い**よなあ。社長はよく、『お客様のため』なんて言うんだけど、こう毎日が内向きの仕事ばかりだと、だんだん**お客様の顔よりも上司の顔を見るようになっちゃう**よなあ」

「おいおい、ヤバいよ。毒されてきてるよ」

「マジ？　毒されてる？　いや〜、でも、こうしていつの間にか、今の上司みたいになっていっちゃったら、ホント、マジヤバいよなあ。イケてないサラリーマンに自分もなっちゃったみたいな……。でも、お前の上司は、どうなの。ちょっとはいい感じじゃないの？」

「似たり寄ったり、どんぐりの背比べってとこだよ」

「そうなの？　例えば？」

「例えばそうだなあ……。あ〜、そう言えば、この前、評価面談があったんだけどさ。お前のところある？」

「ああ、うちもあるよ。さっき話をしたような上司だからさ、中身はお察しの通り、知れているけど」

「うちは、その評価面談が、一人三〇分って決まっているんだけど、この前の面談がひどくてさ」

「どんな感じだったの」

「最初、今期やってきたことを振り返って俺のほうから説明しろっていうので、話し始めたんだけど、だいたい五分もたたないうちにしびれを切らしたみたいでさ。話している途中でカットインしてきて、あーだこーだとご高説が始まって。もういつの間にか上司のペースよ。俺なんか、その間、発したのは『はい』とか『そうですね』とか『わかりました』くらいだからね。

しかも**話している内容が、基本ネガティブ。課題指摘中心**。もっとこうすべきだったとか、俺だったらこうしたとか、チャレンジがそもそも足りないとか。いや、まあそうかもしれないけどさあ、そんな言い方ばかりされたら、こっちだって面白くなくてさあ。アドバイスしているつもりかもしれないけれど、全然耳に入ってこないんだよね」

「わかる〜。そういうときってホント耳に入らないよね。**早く解放されたいから聞いているふりしているけれど、実際には右から左へスルー**だよね」

「そうなんだよ。実際、俺もそのときの面談で思い出せるのは、否定されたってことだけで、何アドバイスされたかなんて、ほとんど残っていないからね」

「お前もけっこうダメ部下だねえ〜。いや冗談、冗談。でも実際そんなもんだよな、人間って」

「そうなんだよ、人間だもん俺。それじゃあ、心動かないよ。

結局さあ、その面談、三〇分のうち、七割から八割くらい、しゃべっているのは上司のほうだったんだぜ。これ誰のための面談だよって、思わない？」

「思う、思う」

「俺だってさ、相談したかったこと、確認したかったこと、ちょっと悩んでいることがあったんだぜ。それについて話聞いて欲しいところもあったのに、まあ、ほとんど一方通行？　言われたこと全然腹落ちしてないもんね。何も変わらないよ俺。あれじゃあ、変えたくなる気持ち、まったく起きなかったもんね」

「そうか〜。お前も上司に苦労しているんだ〜」

「そうだよ、お前ばっかりじゃないよ」

「お互い大変だな」

「ホント大変だな」

「ま、悪い人たちじゃないんだけどな」

「そう、悪い人たちじゃあないんだ。でも、何かこう物足りないっていうか。上司としてどうよ、って思えるっていうか」

「ま、頑張っていくしかないなあ」

「頑張っていくしかないよなあ……」

第2章

上司だって、つらいよ

「あ〜あ。好き勝手なこと言いやがってまったく……」

一人の中年の男性が、バーカウンターで不機嫌そうにつぶやいた。少しくたびれた感があるグレーのスーツに、緩めたレジメンタルのネクタイが、何とはなしに疲れた感を醸《かも》しだしていた。

「どうしたの、佐藤さん。今日はどことなくご機嫌斜めね」

「ああ、ママ」

ママと呼ばれた女性は、このバーのオーナーである。カジュアルなワインバーでありながら、店に立つときは決まって着物。「ギャップが楽しいじゃない」と語るそれは、彼女が二〇年ほど前に店を開いてからの変わらぬ信条であった。それなりに歳を重ねているはずなのだが、まったくそれを感じさせない若々しい風貌。誰もが気さくに接することができる雰囲気を持った柔らかくてオープンな感じ。店が繁盛し続けている大きな理由は彼女にあると言えた。

「ママって、もう慣れてしまったからいいけど、私あんまり、その呼び方好きじゃないのよねえ」

「えっ、どうして?」

「何か銀座のクラブみたいでしょ、ママって」

「しようがないよ。ママはママなんだから。何か、ママって呼びたくなる雰囲気持ってるんだよねえ、ママは」

「はいはい、わかりました。で、どうしたんですか。少しお疲れのようだし、ご機嫌も良くないみたいですけど」

「大きな声では言えないけれど、さっきまで俺の後ろのテーブルで飲んでいた若い奴らの話が聞こえてきてさあ。それが、いわゆる上司批判なんだよね。まったくさ、上司やっているこっちの大変さもわからないで、好き勝手言いやがって、と思ってね」

「あら、佐藤さん随分とお悩みのようね」

ママに、明るい雰囲気でこんなふうに言われると、誰もがその先の言葉を続けてしまう。ところが、「そうなんだよね」とひとこと言うと、佐藤は頬杖をついて、考えるようなしぐさをしたまま、口ごもった。

「本当にお悩みのようね」

ママは心配そうな顔をして佐藤が自分から話し出すまで黙った。すると、やおら目をママに向けて、ポツリと話し出した。

「じつはさ、俺、上司に向いていないのかな、って最近思うようになっちゃって」

「そうなんですか。またどうして？」

「今年になって、部下が二人も辞めてしまったんだよね。理由を訊いても、他にやりたいことがあるので、と言うばかりで。でも、何となく本心ではない感じがして。何か俺が悪いことしたのかなと少しは反省してみたりして……」

「あら、反省してみるって、佐藤さんすごいじゃない」

「いや、まあ、でも結局のところ、今の若い奴らは根性がないのかなって。石の上にも三年っていう我慢ができないっていうか。俺たちの時代は会社も体育会系でずっとやってきているから、会社の上下関係って、そういうものだと思ってきたし。でも、今の若い子たちは、厳しいこと言うと、すぐにパワハラだ、何だと言って騒ぎ立てるし。

そのくせ、ゆとりでのんびり育ったせいか、指示待ちばかりして、自分から考えて行動しようとしないし。そんな状態のところに、会社からは働き方改革で時短だ、とか、新しいことへ挑戦しろ、なんて、いろいろなミッションが降ってくるし。もうパンクだよ。こんな子たち使ってどうしたらいいのよって。上司なんてホントやってられないなあって思っちゃうわけよ。そこに、さっきのお気楽な若者たちの話が聞こえてきたから、何か腹立ってきちゃって……。ああ、ごめんね、ママにこんな愚痴こぼしちゃって……。悪い、悪い」

ひとしきり佐藤の話に黙って耳を傾けていたママは、「本当にお辛《つら》そうね」とひとこと言ってから、今度はわざと明るく剽軽《ひょうきん》な感じで佐藤に向かって言った。

「でも、ご存知？　さっき今どきの若い子って、指示待ちばかりだ、自分から動こうとしないなんて言われたけど、『指示待ち世代』って佐藤さんよりも昔の世代の人たちを指していう流行語だったのよ」

「えっ、本当？」

「そうよ。物知りのお客さんから聞いたことがあるもの。確か一九八一年の流行語だって言ってた。だから、年齢的には、佐藤さんの会社の今の部長さんや役員さんたちの年代の人たちのことよ」

佐藤は虚を突かれる思いがした。俺たち中間管理職に指示しまくる部長や役員世代が、じつはその昔、指示待ち世代なんて言われていたとは……。

「そんなものなのよ。どうしたって、歳を重ねると、自分たちとは離れた世代の人たちのことがよくわからなくなる。わからなくなると、ひとまとめにしてレッテルを貼りたくなる。わからないものをわかるための言葉が必要ですものね。そのとき、人はどうしても上から目線になっちゃうのよ。自分たちのことは棚にあげてね。自分たちはちゃんとしている、それに比べて……ってなっちゃうの。そのほうが、自分たちが傷つかなくていいから、安心できるしね。人間って、そんな歴史を繰り返してきているのよ」

「そうだよなあ。そう言えば、俺たちも新入社員の頃、『バブル世代』って言われて、なんだか嫌な気分したものだったよ。何かあると、バブル世代は、ってすぐ言われてさ。そのうち歳食って、世慣れてきたら、失敗して叱られたときなんかは、どうせバブルですから、なんて自虐的に心の中でつぶやいていた頃もあったよ」

ふさいでいた佐藤の表情に明るさが戻ってきた。これが心地よくて、このワインバーに足しげく通う人も多い。

「でも、どうしたらいいのかな。そういう自分が今、若い人たちに同じことをやっているような気がしてきて」

ママは目を可愛らしくキョロッとさせて、佐藤に向かって「簡単よ」と言った。

「私は、**『今どきの若い子』といった言葉を絶対に使わないようにしているの**」

「それだけ?」

「うん、それだけよ。でも効果絶大。言葉にしてしまうと、その後に続くのは絶対に否定的な言葉になるでしょ。まず、そういうことがなくなるの。それに、使わないって決めると、その世代全体を一括《ひとくく》りにして見るのではなくて、一人ひとり、その子がどうなのっていうところに関心がいくわけ。そうするとね、見えてくるの。一人ひとりが全部違うなあって」

「一人ひとりが全部違う?」

「そうよ。全部違って、個性的で、それがいいの」

「そうなの?」

「そうよ。佐藤さんの会社では、最近ダイバーシティーを大切にしろ、なんてこと、よく言われない?」

「おっ、さすがママ。よく難しい言葉知っているね。そうなんだよ、もうしょっちゅう言われるよ」

「そうでしょ。うちにくるお客さんの話を聞いていると、よくそういうことが話題になっているの」

「なるほどね」

「ダイバーシティーって、簡単に言うと、日本語で多様性のことでしょ。佐藤さんはそれについてどう考えてらっしゃるの？」

ママからの突然の質問に佐藤は少し戸惑いを見せた。

「いや、まあ、これからはグローバル化の時代だし、女性に活躍してもらわないといけない時代だし、それと高齢者もかな。まあ、そういうところに差別をしないとか、フラットでいこう、みたいな。そんな感じかな」

そうねえと言って、考える様子を見せてから、ママは佐藤に向かって、明るい笑顔で、

「うーん、それだと、わたし的には七〇点、って感じかな」。

「七〇点か。悪くはないけど、それだけだとちょっと足りないってことなのかな」と、赤ワインで喉を少し潤してから、佐藤は尋ねた。

「うん。うまく言えないけれど、それだとまだなんかこちら側とあちら側とで線を引いているような気がするの。それで、何かこう、無理やり我慢してお互いをわかりあおうよ、みたいな感じがするの。でもね、それだとなんだか、ちょっとしたことがあるとまたすぐに、『やっぱり外国人は』とか『やっぱり日本人は』とか『やっぱり女性は』とか『やっ

ぱり男性は』とか、って戻ってしまう気がするの」

「なるほどね。俺もうまく言えないけれど、何となくその感覚わかるよ」

「でしょ。私はね、例えば日本人から見て外国人、男性から見て女性、バリバリの現役世代から見て高齢者、そうした違いよりも、人の多様性の本質は、人間が一〇〇人いたら一〇〇人とも違う、一万人いたら一万人とも違うってことだと思うの」

「つまり、**そもそも人は、国籍や性別や年齢などの違いの前に、一人ひとりすべて違う**ってこと?」

「店に来る多種多様な人たちを見ていると、私にはそう思えるの。佐藤さん、確か四〇代でしょ」

「そうだよ、四九歳。もうアラフィフの四〇代だけどね」

「あら、まだまだ十分、若く見えるわよ。でもね、『四〇代、男性』なんて言葉一つで括れる男性なんて一人もいないし、『女性』という性別だけで語れる女性も一人もいないの。みんな一人ひとりそれぞれに悩みを持っているし、みんな一人ひとりそれぞれにユニークなところを持っているの。佐藤さんだってそうでしょ。ほら、あちらに見える男性の方。おそらく、佐藤さんに年齢が近い感じがするけれど、それだけで私が、『佐藤さんとあの方は一緒よ』、なんて言ったら、正直あまり気分が良くないでしょ」

「確かに」

「そうでしょ。あちらの方に尋ねても同じ答えが返ってきて、私怒られるわよ。『おいおい、どこをもってして一緒って言うの？　いや、そりゃ、見た感じ歳は近いかもしれないけれど、それだけで一緒にしないでよ』って」

佐藤は思わずママの話に聞き入った。

「でもね、『若い人は』とか、『女性は』とか、『外国人は』とかっていうのは、こういうことを相手に対してやっていることになるの。

だからね、難しいことはよくわからないけれど、まずはこう考えるようにすることから始めないといけないと思うの。『人は一人ひとり全部違う。違ってて、楽しい』って。そうすると、人が自分と違っているということに腹が立たなくなるの」

「腹立たなくなるんだ」

「そうよ。むしろ、『面白い』とか『すごい』とか『そういう考え方もあるんだ』とか、違っているところに興味を持てるようになるの」

「へえ」

「へえ、って。佐藤さん。人が相手に興味を持てるって、私、大切なことだと思うの。ほら、人間って感じる力があるじゃない」

「感じる力？」

「そう、例えば、『あ〜この人、私に関心ないよなあ』とか、『私のこと否定的に見ているなあ』とか。テレパシーじゃないけど、言葉にしていなくても、そう感じることができるじゃない」

「確かに。言われてみれば、そうだよなあ」

「そうでしょ。それで『自分のことに興味を持ってくれている』って、テレパシーを感じる相手のことを、人間は嫌いにならないと思うの。佐藤さんはそんなことない？」

我が身を思い返してみると、まったくママの言う通りで、自分に興味を示してくれる相手には、こちらも好意を抱きやすい。佐藤は「その通りだね」と得心がいったような顔をしてこたえた。

「そうでしょ。そうやって相手のことを見られるようになると、別に外国人だ、日本人だ、女性だ、男性だ、若者だ、年寄りだなんてことは関係なくなってきて、すごくフラットにいろいろな人とつきあえるようになると思うの。一人ひとりが違っていることが面白くなるからね。これが多様性の基本。ううん、というより**人間関係の基本**だと、私は思うの」

パチパチパチ。突然、拍手をする音と「ママ、すご〜い。私、ママに一票！」という女性の声が飛び込んできた。

横を見ると、一つ空いた隣にカップルがいて、奥にいた三〇歳前後と思《おぼ》しき女性が、少し酔ったふうな様子で、こちらを向いて拍手をしていた。

「その通りよ、ママ。おじさん、佐藤さんっていうんですか？」

知らない女性からいきなり、おじさん呼ばわりされ、ちょっとムッときたが、つい先ほど若い人に腹を立てないという話をしていたばかりだったこともあって、グッとこらえて笑顔で、「そうですよ、佐藤といいます」とこたえた。

「佐藤さん、ダメですよ。今どきの若い奴だとか、女性は、だなんて。ホント。丸ごと一緒にしないでよって言いたいです。牧村もそう思いま〜す！」

（牧村っていうんだ、この子。それにしても、からんでくるなあ）と佐藤が思っていると、牧村の手前に座っている男性が、「ごめんなさい。失礼なことを申し上げて。こいつ、今日、ちょっと飲みすぎてしまって」と、すまなそうに頭を佐藤に下げて謝ってきた。

「おい、美香、お前もきちんと謝れよ」。そう男性に促されると、牧村美香は意外にも素直に「ごめんなさい」と、頭を下げて謝ってきた。

そこへママが間に入って、「美香さんっていうの？　大丈夫？　ほら、少しお水飲んで」と、カウンターのバーテンダーに目配せをして、水を運んできてもらった。

「ごめんなさい、すいません」と、氷の入った冷たい水を、少しずつだが全部飲み干すと、先ほどよりは、だいぶ落ち着いた様子になって、再び、佐藤に向かって謝った。

「いいよ、いいよ。気にしないで」と佐藤も手をひらひらさせながら、笑って返した。

「ホント、すいません。何か、こいつだいぶストレスがたまっているみたいで」と相方の男性が、また頭をぺこりとしながら申し訳なさそうに言った。

するとふいに横から、「ママ、話聞いてもらっていいですか」と牧村がママに訴えるような目をしてお願いをした。

男性は、「おいおい、やめておけって。ママだって、こんな酔っ払いの悩み事、迷惑にしかならないよ」と制した。

しかしママは、ゆったりとした上品な笑顔で「あら、いいわよ。私で良かったら。何のお役にも立てないと思うけど、聞くことくらいだったらできるから」と牧村の申し出を受け入れた。

「ホントですか」。ママの対応に、牧村は嬉しそうな顔をして、それから自分のことを話し始めた。

「私、今度、あるチームのリーダーをやって欲しいって、会社から言われたんです」

「あら素敵なことじゃない。会社から認められているってことよ」とママが言うと、佐藤もうなずきながら、「最近、女性登用を進めようという動きが高まってきていて、それを実行しようとしているのだから、いい会社じゃない」とママに賛同した。

「それが、ちっともいいことではないんですよ。少なくとも、私にとっては……」と、牧村は、しょげたふうに言った。

「どうして？　いいことじゃない。給料だって、少しあがるんでしょ」と佐藤が尋ねた。

「給料のことではないんです。そりゃあ、給料があがることは嬉しいことだけど。でも、給料がどうとかっていうことじゃあないんです」と牧村はキッパリと言った。

そして、少し間があってから「私、そんな、リーダーなんてやる器じゃないんです」と本心を声にした。

「だって私、小学校の頃から、長と名のつくことなんて、一つもやったことないんですよ。そんな私にリーダーなんて務まるわけがないじゃないですか。

それを女性登用ですか？　その影響で、私なんかにお鉢が回ってきて。絶対、務まるわけがないんですよ。もう、そのこと考えると毎日が超ブルーになってきて。あ～、もう会社辞めたいって。そんなことばかり考えるようになると、ストレスが本当にたまってきちゃって」

「そうなんだ」と佐藤がつぶやいた。

「そうなんですよ。女性活躍の時代だからって、みんながリーダーやりたいって思っているわけではないんですよ。本音ベースだと、もしかしたら、リーダーやりたいっていう女性のほうが少数派かもしれないですよ」

「本当に？」と佐藤。

「あくまでも、牧村美香周辺調査ですけど……」と、冗談ぽく言うと、皆が笑った。

「でも、私は本当に無理。だって、女性のリーダーっていうと、私の中でパッと思い浮かぶのはテレビに出てくるような政治家の人たちで、私はあんなふうに強くふるまえないですよ。それに、そもそも、私は内向的な性格だからリーダーに向いてないんです」

「それで、今日は、彼女のたまったストレス発散てことで、愚痴を聞くために、僕が呼ばれたってわけなんです」と、牧村の隣の男性が会話に加わり、「あっ、すいません。僕、高野といいます」と自己紹介をした。

するとと牧村が、「だって、しようがないじゃん。こんなこと、会社の人に言えないし……」と言った。

高野はママと佐藤の雰囲気を察して、「僕たち、大学時代に同じ部活にいて。オーケストラやっていたんです。僕がフルートで」、

「私はバイオリン」と牧村。

「そうなんです。それで、卒業してからもときどきは演奏したいねって、仲間内で小さな

サークル作って……」と、高野はテレを隠すかのように、淡々と二人のことを話し始めた。

「でもさあ、今日、途中からは、賢介の愚痴を私が聞く番になったじゃん」と牧村がいたずらっぽく、高野に指をちょんちょんと向けて言った。

「そうだっけ？」

「そうだよ。あっ、ごめんなさい、この人、名前が賢介っていうんです」と牧村が、高野の名前を改めてママと佐藤に紹介した。

「賢介もさあ、ママに聞いてもらいなよ。あなたの悩み」

「え～、悪いよ。客のつまんない話ばかりママに聞かせて」と高野が、そう言いながらも、自分の話を聞いてもらいたそうな顔をママに向けた。

「どうぞ。ご遠慮なく。お客さんの、そうした話を聞くのも、私の大切な仕事ですから。全然気にしないで話して頂戴」と、優しい表情で高野にこたえた。

「ありがとうございます」と言ってから、今度は高野が自分の悩みを話し始めた。

「じつは、僕は去年、管理職になりました。なってから、ちょうど一年くらいたったところです」

「で、何、高野さんも牧村さんと同じく、なりたくないのに管理職になっちゃった、ってところ？」と佐藤が突っ込んだ。

「いや、僕の場合は、そうじゃなくて。管理職になる前に、いわゆる正式なリーダーというわけではないのですが、グループの中の兄貴分みたいなことをやってて。そのときはけっこううまくいったので、早く管理職になって、正式に組織を任されてみたいなあという思いがありまして」

「でも、何かあったのね」とママが手を差し伸べた。

「そうなんです。うまくやれる、と思っていたのに、全然うまくいかなくて」

「あら、まあ」

「僕、こう見えて平社員のときに、営業でけっこういい成績をあげたんです。上司からは一応、営業のエースだ、なんて言われていました。それで、自分だったら管理職になってもできると思っていたんです」

「エースや四番バッターが名監督になれるわけじゃないって、昔からよく言うからねぇ」と佐藤が口をはさむと、ママは（ダメよ）という表情で佐藤に目配せをした。佐藤が慌てて口をつぐむと、高野は話を続けた。

「実際、佐藤さんの言う通りなんです。本当にうまくいっていないんですよ。前にいたチームは、まだ前の上司がいるんで、僕は違う営業チームの管理職になったんです。そこのチームは前のチームと違って、業績があまり良くなくて。それで、よーし、僕の力でなんとかしてやるぞ、と張り切ったのですが、僕が張り切れば張り切るほど、なんだかチームがバラバラになっていく感じなんです」

「そうなの」とママが気持ちを受けとめるように言うと、高野はさらに話が止まらなくなった。

「はい。これ以上業績を落とすわけにはいかないですから、僕も必死でやっているんです。でも、一緒にやっていると、今のスタッフの仕事のやり方や出してくるアイデアが、僕から見ると全然物足りなく感じて。これだったら、**『自分でやったほうが早い』って思えてきて、いろいろな仕事を結局自分でやることになって。そうこうするうちに、仕事の多重債務者状態**ですよ。ホントめまいがするくらい忙しい毎日です。それなのに、チームの業績は少しもあがらない。あ〜もう、どうすればいいんだろうってわからなくなってきて……」

高野はひといきに今悩んでいることをぶちまけた。

思いがけない高野の深刻な話に少し場がシーンとなったところへ、牧村が「賢介って学生時代も優秀だったんですよ」と高野をかばうように言った。

「私と共通科目の試験のときなんて、よく賢介に助けてもらっていたし。そんな賢介でも難しいんだから、私なんか本当に、リーダーは絶対無理。やっぱり来週、会社に行ったら断ってくる」

「待ちなよ。せっかくのチャンスなんだからさ。僕だって、まだあきらめているわけじゃないんだし。まだ何か自分に足りないものがあるとか、変えないといけないところがあるって、それで今、頭沸騰させて考えているんだからさ」

「本当に、賢介は昔っから、ポジティブシンキングなんだからなあ」と牧村が高野のへこたれない性格を羨《うらや》んで独りごちた。

「何かあれだな」と佐藤が割って入った。

「歳も性別もばらばらだし、キャリアも違うし、性格も違うけど、俺も含めてここに居合わせた三人とも、偶然リーダーシップとやらに悩んでいるってことだな」

佐藤がそう言うと、牧村も高野も、（確かに……）という顔をした。

「ママさあ、助けてよ」

「えっ、私？」

突然の佐藤の申し出に、ママは驚いた。

「そうだよ。だって、この店、二〇年近く繁盛させていて、スタッフだって辞めていかないじゃない。言い方悪いと申し訳ないけれど、こうした店って、普通はけっこうスタッフの入れ替わりも激しいでしょ。だけどママの店は人が辞めない。それで、ベテランになった人は別な姉妹店の店長をやっている。もう何軒になった？　ママの店って」

「この店入れて、七軒かしら」

「えっ、すご～い」と牧村が、思いがけないママの才覚に驚いた。

「ちっともすごくなんかないわよ」とママは笑いながら牧村に言葉を返した。

「いや～それは謙遜だよ。だって、この店以外も全部繁盛しているじゃない。俺知っているよ。ママのファンだから、全部の店行っているから」

佐藤がそう言うと、牧村も高野も尊敬の目でママを見つめた。

「謙遜なんかじゃなくて、本当にたいしたことやってないんだから」。ママは困惑しきっている。

「でも、人をまとめる秘訣って、やっぱり何かあるんでしょ。そうじゃなくちゃ、こんなに繁盛しないよ」。佐藤は食い下がる。

「本当に、私の力でも何でもないんだから」

「でも、何かあると」

粘る佐藤に根負けして、ママは自分のやってきたことについて考え込んだ。

「う～ん。あるとしたら、ここに来るいろいろなお客さんから学んだことかしら」

そう言った瞬間、一同の目がママに集中した。

「ここにはいろいろなお客さんがいらっしゃるじゃない。それこそ社長さんもいらっしゃるし、サラリーマンで管理職をやっている方もいらっしゃる。それだけじゃなくて、自分でお店をやっている方もいらっしゃるし、学校や地域のまとめ役みたいなことをやっている方もいらっしゃる。

そして何より、先ほどまで後ろのテーブルにいらしたお二人みたいに会社や組織では部下やスタッフの立場の方もいらっしゃる。とても大切なのよ、こうした立場の方が上司のどんなところに不満を持っているのかとか、どんな上司だったら嬉しいって言っているのかって。

こうやっていろいろなお客さんのお話を伺っていると、リーダーとしてチームをうまくまとめて成功している人と、そうでない人って違いがあるんだなあって、何となくわかってくるの。

みんなキャラクターや持ち味は一人ひとり違うけれど、リーダーとして成功するうえでのベースとなっていることの共通点はあるんだなあって。そこを外すとどんなに賢い人でもダメなんだなあって。

門前の小僧じゃないけど、いつの間にかそれを学んで、私の体の中にそれが入ってきて、人を使うんだったら自分もそれを大切にしてやってみようと、意識してやってきたってことは確かにあるけど」

佐藤は真顔になって、

「ママ、それが聞きたいんだよ」と言った。

「でもあれよ、そんなにたいしたことじゃないのよ。ホント、聞けばあたり前のようなことばかりなのよ」

「でも、それを馬鹿にせず、大切にするとうまくいくってことだよね」

佐藤は確かめるようにして尋ねた。

「あくまでも私の経験と、そうやって私が出会った、うまくやっている人たちのことを振り返ってみると、だけどね」

「それが聞きたい。そうだよね、牧村さんも、高野さんも」

「聞きた〜い、聞きた〜い」。二人とも、即、賛同した。

「あ〜もう参りました。それじゃあ、お話しするわ。でも、本当にあたり前のようなことばかりなのよ」

「でも馬鹿にせずに、大切にして実行すればうまくいくと……」。佐藤がママに向かって、ニッコリ微笑《ほほえ》みながら繰り返した。

「はいはい。わかりました。ホント、佐藤さんには勝てないわ」

第3章

「リーダーシップ＝引っ張ること」の落とし穴

「では、最初に伺うけど、皆さんはリーダーシップっていうと、どんな心構えや姿勢で臨むことが大切だと考えます？」

バーのカウンターで突如始まったリーダーシップの勉強会は、ママのこんな質問から始まった。

三人とも少し考え込んだうえで、最初に答えたのは年配の佐藤だった。

「いろいろあるだろうけれど、やっぱり『引っ張る』ってことかな。俺の上司たちも、そういう感じの人たちが多かったからなあ」

「僕もそうですね。さっき話した通り、管理職になって最初に思ったことは、僕がこのチームを引っ張って、必ず業績をあげて見せるぞ、ということでしたからね」と高野。

牧村は、「うーん、私はまだ実際にはやっていないからよくわからないのですが、この前会社で受けた事前研修でも、会社の人からは『皆さんがこれからは引っ張っていってください』と言われました」と答えた。

三人の答えが出そろった。

それを聞いてママが言ったのは意外なことだった。

「私ね、そもそもそれが違っていると思うの」

「え〜」。一同は驚きの反応を示した。

「だったらママはどう考えるのですか？」牧村が尋ねた。

「もちろんリーダーには自分が先頭に出ていって引っ張らなくっちゃいけない場面もあるのよ。だから百パーセント間違っています、って言うつもりはないの。でも、**『リーダーシップ=引っ張ること』という直線的な心構えや姿勢には大きな落とし穴があるのよ**」

「どういうところに落とし穴があるんですかね？」

自分が引っ張らなくては、と思って張り切ってやったら、チームが自分の思った通りにまとまらない現状に苦労している高野は、真剣な表情で尋ねた。

「二つあるかな。一つは、『引っ張る』という考え方に引っ張られすぎると、**なんでもかんでも『自分の腕力に頼る』**という考えや行動につながりやすいという落とし穴ね。

自分の腕力に頼るという考えは、チームの中で自分が一番力があるんだという錯覚を起こさせるでしょ。そうするとね、部下の人たちの意見や能力や仕事のやり方が頼りなく見えてきちゃうの。だって、自分が一番だと思ってしまっているからね。

頼りないなあ、これじゃあダメだなあ、自分のやり方のほうがいいのに、なんて何を見てもそう思えてきてしまうの。そうすると、**『だったら自分がやったほうがいい』『自分でやったほうが早い』って思えてきて、部下の仕事を取り上げたり、自分がやってしまったりするの**。

そうなると部下は、その他の雑務や、あるいは上司の仕事の事前準備や後始末とか、時間を取られる割には成果に直結しない面倒くさい仕事だけ回されるとか、まるで上司のアシスタントみたいな扱いになっちゃうの。これじゃあ、部下の人は仕事面白くないわよね。モチベーションもあがらないわ」

そうするつもりはなかったのだが、佐藤も牧村も、無意識のうちに高野のほうに目線がいっていた。

高野はママの話を聞いて、ビックリしたような表情をしながら言った。

「図星です。自分がはまっている落とし穴はまさに今のお話の通りです。自分はリーダーに選ばれたくらいだから、自分には一番力があるはずだ、だから、自分が引っ張らなくてはと思っていました。でも、そう思い込んでいたせいか、**部下の仕事のやり方が全部自分に比べて稚拙に見えてしまって**いました。それで、おっしゃる通り、細かいことに口を出したり、かと思えば大切なところは任せきれなくて全部自分でやっていましたね。

あ〜、でも全然気づいていなかった。そうか、僕はいつの間にか、そうやって**部下を自分のアシスタントのように扱っていた**んだ。そりゃあ、僕と仕事していても面白くないよなあ。いくら発破《はっぱ》をかけたってやる気なんて出るわけないよなあ」

ママは、高野に対して（この子は見込みがあるな）と思った。最初の牧村の失態でも佐藤に、すぐに『ごめんなさい』と言えたり、話を聞くと言ったときも、さらっと『ありがとうございます』と言えたり。今も、素直に自分と照らしあわせて反省したり。こういう子は苦労しても、きっとこの先伸びていくだろうなあと感じていた。

「それとね」、ママは話を続けた。

「自分が一番力があるという錯覚を起こすとね、部下を頼れなくなるということの他に、いつの間にか**部下に対して否定的な言葉を投げやすくなってしまう**のよ。

だって、一番は自分でしょ。自分の価値観や基準が正しいってことになって、そこから他の人を見るわけだから。『できていない』とか、それこそ『今の若い人はなあ』とか、男性の人だったら『だから女の人は』とかっていう言葉が、ついつい口をついて出やすくなってしまうの」

今度は、牧村と高野の視線が、何気なく佐藤のほうに向かった。

「すいませ〜ん。自分のことです」

佐藤は、いたずらが見つかって先生に叱られた生徒のように、その場で小さく手をあげて反省してみせた。中年の佐藤がそうするのが何となくおかしくて、みんな笑みを漏らした。ママも、みんなが自分の話に興味を持ってくれていることを確かめるように、笑顔でぐるっと一人ひとりの顔を眺めてから、話を続けた。

「その落とし穴にずっぽりはまってしまっているのに、誰からも注意を受けなかったり、自己反省せずにそのまま来てしまうと、しまいには、本人は無自覚かもしれないけれど、周りから見れば、強引で傲慢な上司になっている場合があるのよ。『**いいから俺の言うことを聞け**』とか、『私が正しいのだから、文句を言わずに黙ってやれ』とかね」

「私の周りにもいます、そういう人。本人は自分に力があるからみんな従っていると思っていますけど、じつは**みんな、その人に何か言うのが面倒くさいから黙ってやっているだけ**です。本人だけです、気づいていないの」

今度は牧村が小さく手をあげて無邪気にそう言った。

「そうなのね。そういう人って部下から見て魅力ある？」

「もちろん、ないですね」と牧村は笑ってこたえた。

「そうよね。その中でも、私が魅力を感じないのは、肩書で仕事をしようとする人ね」

「ダメなんですかね？」と高野が質問した。

「時には肩書をうまく使ったほうがいい場合も、ビジネスの場面ではあるわよね。でもね、部下に対して肩書にものを言わせるのは、どうかと思うの」

「どうしてですかね？」再び高野が尋ねた。

「だって悲しいことよ。そういう人って、自分は腕力不足ですって言って歩いているようなものじゃない。自分の腕力に頼ろうとしても、それだと部下が従ってくれない。その腕力不足を補うために、『肩書』という見せかけの腕力を借りて、それで従わせようとするわけだからね。ずるいなあこの人って、という気持ちになるわよ。もちろん部下の人はそう思っていても『ずるいですよ、肩書で脅《おど》すなんて』とは言えないわよね。でも、心の中ではその人の指示や命令に納得していないでしょうね」

高野を見ると、カウンターに肘をついた右手を頭に当てながら、沈痛な面持ちで下を向いていた。

「どうしたの賢介？」牧村が心配そうに高野の顔を下から覗き込んだ。

「いや〜参ったなあ」と言いながら高野は顔をあげた。

「自分ですね、若くして課長になったので、若いからみんな従ってくれないのかなと悩んだときがあったんですよ。やっぱり、**舐《な》められたくなかったので、自分を大きく見せたくって仕方がなかったた**んです。それで振り返ってみると、結果的には、けっこう、肩書にものを言わせて部下を従わせているところがありました。

例えば、意見がなかなか合わないときは、最後には『あのさ、どっちが上司なの』とか『課長は俺だけど』とか言って、**強引に自分の意見を飲ませたり、通したり**。

部長会や役員会に呼ばれたことを、さりげなく自慢したり、『その仕事の手伝いで課長である俺は忙しいんだよ、今』、みたいなふうに偉ぶってみたり。

ホント、ママの話を聞いているうちに客観的になれたんですけど、すごく恥ずかしいです。うわ〜、顔から火が出そうですよ〜」

高野が落ち込んだ顔をしながら懺悔《ざんげ》をしていると、佐藤が横から高野の肩を軽くポンッと叩いて、「いや〜恥ずかしながら、俺もだよ」と打ち明けた。

「俺のほうがたちが悪いよ。あんまり恥ずかしいから、黙ってやり過ごそうとしたんだけど、俺より若い高野さんが素直に反省している姿を見て、ちょっと熱くなってきちゃったよ。ママ、俺も懺悔するね」

「どうぞどうぞ。ここには会社の人もいないし。それに三人しか聞いていないし。話しちゃったほうが気持ちいいことはパーッと話しちゃえばいいのよ」

ママの明るい声のおかげで、重い話も佐藤はかえって話しやすくなった。

「俺もね、威厳を見せたかったのかな。会議なんかのときに、偉ぶってわざと不機嫌そうに座ってみたりさ。**反論のための反論のようなことを言って、部下のアイデアや提案を否定して見せたり**さ。あるいは、査定に響くぞとか、評価を匂わすようなことを言ったりさ。いつも、ではなかったと自分では信じたいけど、ときどきそんなふうなふるまいをしていた自分が確かにあったよ」

ママに聞いてもらうと、何でも受け入れてもらえそうな気がするせいだろうか、ふだんは見栄やプライドから絶対に誰にも話すことのない、恥になるような話が口をついて出てくる。

「さらに俺の場合は、**肩書を都合よく利用している自分**にうすうす気づいていた。本当は良くないよなと心のどこかで言っている、もう一人の自分がいることを知っていた。だからなおさらたちが悪い。

だけど仕方ない。俺の力不足のせいで、どうにもこうにも、部下たちが思うように動いてくれないから、肩書の力を使わざるを得なかった。情けないよなあ。

会社の管理職研修も、いつも気持ち半分で参加していたよ。こちとら何年管理職をやっているると思っているんだ、何を今さら学ぶことがあるのかと。

でも、考えてみれば、本当はできていない自分を正面から見たくなかっただけなんだろうな。だから、『いいじゃないかこれでやってきたんだから。何を今さら』とうそぶいていたんだろうな。だけど、**うそぶいて信じてきたやり方がたいしたことなかったから、そこそこの成果しかあげてこられなかったん**だよな。

まったく馬鹿だったよな俺は。物事には何だってコツというものがあるはずだ。料理だって、スポーツだって、何だってそうだ。コツがあって、コツを素直に学んで、習得するのが肝心だ。そういう奴には勝てない。

例えば、俺は学生時代の一人暮らしのときからもう何十回もオムレツを焼いているけど、自画自賛して『美味《お》しい』なんて言うだけで、実際のところいつまでたってもたいしたことない。コツをマスターしているプロの焼くオムレツには永久に勝てない。

リーダーシップについても同じだ。俺はリーダーシップについて、そのコツを知ろうともしなかった。

ひょっとしたら会社の研修とやらで学んだかもしれないけれど、『それはそれ。俺は俺』って考えて、ちっとも自分のこととしてとらえようとしなかった。

あるいはせっかくいいコツを聞いたかもしれないのに、『現実はそんな甘いものじゃないでしょ』とか『それは理想だよなあ』とかなんとか頭の中で否定の言葉をつぶやいて、やってみようとしなかった。

時には、ちょろっとだけやってみても、すぐにうまくいくはずもないから、『ほら、こんなんじゃうまくいかない』と言ってまた拒絶して、自分にとって楽なやり方に戻していた。

でも、俺のやり方っていうのは、**『引っ張る』をはき違えて部下と腕力勝負をしていたに過ぎない**し、おまけにその勝負に勝つために、時には**肩書の力を使うような『歪《ゆが》んだ引っ張る』をやってきた**わけだ。

こんな上司と部下の関係で、職場で毎日一緒に仕事をやっていても、誰も幸せにならないよなあ。俺も部下も、みんなストレスがたまってしょうがないはずだ。

いや～、ママありがとう。高野さんも牧村さんもありがとう。この歳になってようやく素直に気づかせてもらったよ」

一気に話すと、佐藤はグラスに残っていたワインをグッと一口で飲み干した。自分が傷つきたくないために長年向き合うことを避けてきた自己矛盾を吐き出したせいか、不思議と佐藤の顔は、つきものが落ちたような表情になっていた。

「ママ、ごめん。しゃべったら、何かシュワシュワしたもの飲みたくなっちゃった。ここは、これまでの自分とサヨナラして乾杯といきたいから、ちょっと奮発してシャンパンもらえる?」

「スパークリングワインでなくて、シャンパンね」

「そう、シャンパンのほう。高野さんと牧村さんにもあげて。俺のおごりで」

「え、いいですよ、僕たちは」。高野が遠慮して言うと、

「気にしないで。明日からの自分に向けて乾杯って、一緒にやりたい気分なんだから」

「ありがとうございます」。高野と牧村が口をそろえてお礼を言った。

「じゃあ」と言って、ママがキリキリに冷えたシャンパンを持ってきた。

「せっかくだから、新しく封を切るわね」と言って手際よくボトルの栓を抜くと、軽くポンッと、心地よい音がした。

ママは、三人のシャンパングラスに、綺麗に泡が浮かぶように注いだ。

グラスを見ながら「綺麗ね」と牧村がうっとりした顔をしながら、つぶやいた。

「綺麗だよな。シャンパンは泡が命っていうけれど、こんなふうに綺麗に注げる人は少ないんだよなあ」と佐藤が返した。

「お上手言っても何も出ないわよ」と言ってからママは、「せっかくだから、私も頂こうかしら。あっ、大丈夫よ、これは佐藤さんに払わせないから」と、おどけて場を和ませた。

「それでは、乾杯」と佐藤が言ってグラスを傾けると、皆も「乾杯」と唱和してグラスを傾け、渇いた喉をシャンパンで潤した。

「あ〜美味しい」と牧村が言うと、

「こういうのもいいねえ」と佐藤が嬉しそうに言った。

しばらく盛り上がったのち、ふいに牧村がママに顔を向けて言った。

「そう言えばママ。最初に『リーダーシップ=引っ張ること』という考え方に引っ張られすぎると、二つの落とし穴があるって言っていましたよね。さっき一つ目の落とし穴の話は伺ったのですけど、もう一つの落とし穴って何なんですかね？」

「そう言えば、確かに、言っていましたね、二つって」と高野も思い出した。

「よく覚えていたわねえ」とママ。

「お酒飲みながら、よく覚えているなあ」と佐藤も感心したように言った。

「へへへ。え〜、聞かせてください」。牧村はせがんだ。

「皆さん時間、大丈夫なの？」

「大丈夫ですよ」と三人。

「そうね。二つ目の落とし穴が何かというとね。『引っ張る』という考え方に引っ張られすぎると、**『自分が主役』という思い込み**にはまってしまうのよ」

「自分が主役？」牧村はまだ飲みこめないようで、キョトンとした顔をしながら尋ねる。

「そうやって思い込んでしまうと、どんなことが起きるんですか？」

「自分がこのチームの主役なんだって思い込んでしまうとね、**みんなの力であげたチームの成果なのに『自分の手柄』だと勘違いしてしまう**のよ。私がやった、私が手掛けた、私はすごい。私の上司、会社の人たち、ほら私を見て、この成果は私のおかげよ、みたいな感じね。

露骨に、そうやって自分の手柄としてひけらかす人もいるし、露骨ではないかもしれないけれど、言葉の端々や、何気ない態度にそれが出てしまう人もいるの。

さっきも言ったけれど、露骨でなくても人間は感じる力があるから、部下の人たちはわかってしまうの。『あ〜、この上司、私たちみんなの成果を自分のものにしているなあ』って。もしも牧村さんの上司がそういう人だったら、どう思う？」

「え〜、もう最低〜、ですよ」

「そうでしょ。でも気をつけないと、人はリーダーになったときに、意外とこの落とし穴にはまりやすいのよ。世間では、アレオレ詐欺上司、なんて言い方もあるそうだけど」

「アレ、オレがやりました、で、手柄の独り占めだから、アレオレ詐欺上司か。うまいね」。佐藤が突っ込んだ。

ニコリと微笑んでから、ママはもう一度真顔になって話を続けた。

「それともう一つ。『自分が主役』と思い込んでしまうと、無意識のうちに出てしまう行動があるのよ」

「何ですかね。ドキドキして聞くのが怖いですよ」と言いながらも、高野が興味津々《しんしん》の様子でママの話を待ち構えている。

「それはね、**部下というのは『自分が説教する相手』になってしまう**ことよ。だって、そうよね、自分が主役ですものね。脇役に下手な芝居をされたら自分が輝かなくなってしまうじゃない。だから、『もっとこうしろ』『あーしろ』『そうじゃない』『脇役のくせに』『脇役なら脇役らしく主役のためにもっとしっかりしろ』という言動につながっていってしまうの」

「そういう人、私の会社にもときどきいます。完全に上から目線。何様ですか、ああ『俺様上司』ですか！　って。まあ、私なんかは思っていても面と向かっては言えないですけどね。

でも、そういう上司の下で働いている部下の人たちを見ていると、ホントにモチベーション下がって疲れまくっている感じです。脇役どころか、『奴隷状態だ』、なんて言う人もいますよ」

牧村はそうした上司たちの顔が浮かんだのか、身震いするようにして言った。

「落とし穴にはまらないようにするためには、どうしたらいいのですかね」と高野が尋ねた。

「そうね。

『自分が主役』ではなくて『みんなが主役』

って考えるようにすることが大切じゃないのかしら。

だって、そうでしょ。チームの成果って、リーダー一人であげるものではないし、一人であげられるものでもないでしょ。一人でできることって、たいしたことないじゃない」

「一人でできることって、たいしたことない」。高野は噛みしめるように、ママが言った言葉を、自分でもう一度繰り返した。

「そうよ。ほらっ、例えば、私のこんな店でも、私一人ではとうてい回らない。私がどんなに頑張っても、お料理の仕込み、お掃除、お客様のご注文を取り、飲み物や料理をお作りしたり、ご提供したり、こうしてお客様とお話ししたり、お会計したり、それに帳簿をつけたり……。とてもじゃないけれどできないわ。無理してやっても長くは続かない。それに、そもそも、そんなやり方では、お客様に対してたいしたことができなくて、店はすぐに潰れちゃうわ」

「なるほど」。高野は大きくうなずいた。

「だからね、こうして店が回っているのは、私のおかげではなくて、店のみんなのおかげ。私が主役ではなくて、みんなが主役なの」

「ママはすごいなあ。だからこうやって、この店で働いている人たちは、みんないい顔して働いているし、辞めないし、それに店も繁盛しているんだ」と佐藤が感心して言った。

「ん〜、でもそうでもないのよ。私だって、最初、店を始めたときは、どうしたらいいか、わけがわからなかったわ。店を作ったのは私だし、私がリーダーなんだから、私が主役って思ってやっていたと思うの。でも、その頃は、従業員の人も長く居ついてくれないし、店もあまり流行《はや》らないし。たくさん借金もあるから、本当に首をくくろうかと思ったときもあるのよ」

「ママにそんなときがあったんですか」と牧村が大きな声をあげた。

「そうよ。私だって、大いなる『しくじりリーダー』経験者よ。でもね、悩んでいたときに、いいきっかけがあったの」

「どんなきっかけですか?」牧村が尋ねた。

「お客さんの中に、お芝居の演出家をされている人がいらっしゃったの。その人が、自分にとって大切なことは、お芝居が褒められることだとおっしゃっていたの。面白かったよ、泣いちゃったよって、お芝居が褒められることが一番大切で、決して自分が褒められることではない。自分の名前なんて知られなくたっていい。それよりも、芝居が褒められ、芝居に出ていた役者たちが褒められるのを見ているのが一番嬉しいとおっしゃってたわ。

そのとき、私気づいたの。『あっ、私がやるのは、お芝居の主役ではなくて、演出家のほうなんだ』って。私が中心だとか、私が褒められるとか、そんなことはどうでもいい。お店が褒められて、お客さんに気分良くなっていただいて、また来ていただいて、それが一番大事にしなくてはいけない成果なんだって。そのためには、私ではなく、ここにいるスタッフみんなにそれぞれ主役になってもらって、お客さんから褒めてもらえるようにするのが、私の仕事なんだって。そう考えられるようになってからなの、急にお店に活気が出始めて、スタッフも辞めなくなって、お客さんにたくさん来ていただけるようになったのは。だから、何を言われようが、私は信じているの。**『みんなが主役』、それがリーダーの役割**だって」

「素敵です」。高野が言った。

「ホント、素敵です」。牧村も続けた。

「でも、あれですね、ホント怖いですね」と高野は自問自答するかのようにつぶやいた。

「何が怖いの、賢介?」と牧村がそんな高野に向かって尋ねた。

「いや。つまり、**人は、自分がどんな考え方に立っているかによってそれが無意識のうちに、自然と日常の言動に出てしまう**ものだってことだよ。そして、周りの人はそれをしっかりと感じ取ることができるってことでしょ。だから、知らぬはリーダーばかりなり、ってことが普通に起きてしまうってことなんだよ」

「あっ、本当だ。怖い」

「今、わかったの?」

「すいませんね。賢介ほど、頭の回転が速くなくって」と牧村は口を尖らせた。

「ごめん、ごめん。そういうつもりじゃなかったんだけど」。高野は平謝りした。

「でも、これ、ホントどうしたらいいんですかね。この先も、自分だけが気づかないまま、じつは部下からまったく尊敬されていない上司だったなんてことになりたくないし」

と、高野は自分に向けられた牧村の憤慨の矛先を逸らそうとして、ママに尋ねた。

「そうね。基本は、

『自分に指を向ける』

という習慣を身につけることかしら」

「『自分に指を向ける』ですか」。そう言って、高野は実際に指を自分に向けてみた。

「そう、そうやって、指を自分に向けるようにするの。じゃあ、今度は、その指を牧村さんに向けてみて」

「はい」。高野は素直に従った。

「それで、指を突きつけながら、牧村さんに向かって『牧村さん、あなた行動を変えてください』と言ってみて」

「はい」と言って、少し照れくさそうに、戸惑いながらも高野は言われた通りにやってみた。

「さあ牧村さん、今、高野さんに、指を向けられて『あなた行動を変えてください』と言われて、どんな気分になった？」

「正直、ちょっとムッときました。人に言う前に、あなた変わってよって思いました」

「そうでしょ。でも、多くのリーダーがやっているのは、今、高野さんが牧村さんにやったことよ。自分に指を向けないで、他の人に指を向けて、変わってください、って言っているの。それで変われるほど人は簡単ではないわ。はいわかりましたって、その場では言ってくれるかもしれないけれど、本気で自分を変えるつもりにはならないわ。上司のやり方や言い方によっては、今の牧村さんのように、逆に反感を覚えることもあるのよ。

そうではなくて、**部下に変わって欲しいのだったら、リーダーは、まず自分が変わらなくてはいけない**の。そういう姿を見て、部下は影響を受けて、自分も変えていこうとするものなの。だから、リーダーの人が心得なくてはいけないことは、まずは自分に指を向ける習慣なの。

残念ながら、**不満に思っていてもリーダーに面と向かって指摘してくれる部下なんてほとんどいない**わ。牧村さんもさっき、上から目線上司の話のとき、私は言えないけど、と言っていたわよね。だから、**リーダーになったら、自分で自分に指を向けない限り、本当に自分のダメな点に気づかないまま時間が経過してしまうリスクがあるの**」

「例えば、どうやって自分に指を向けたらいいのですか？」と牧村が尋ねた。

「そうね。例えば、自分がやった組織方針の説明に対し、部下の人たちが、今一つきちんと理解できていないとするわね。そのときに、『どうして、理解していないんだ。あれほど言ったじゃないか』というのが、指を他人に向けている状態。

そうではなくて、『ひょっとしたら、自分の説明の仕方が悪かったのではないか。もっとわかりやすい説明の仕方や工夫はできないだろうか』って考えるのが、自分に指を向けている状態。どうして理解できないんだ、と言ったところで何一つ問題は解決しないわ。でも、自分に指を向けたら、説明の仕方を変えてみるという問題解決のための一歩を踏み出せるわ」

「ホントだ」。牧村も高野も、ハッと気づきを得た。

「そうでしょ。全部そうよ。例えば、他の部署の人がなかなか協力してくれないとするわね。そのとき『どうして協力してくれないんだ』と指を他人に向けて言ったところで状況はおそらく変わらないわ。

そうではなくて『自分は、他の部署が困っているときに、損得勘定抜きに協力をしていたっけ』と自分に指を向けて考えてみて。そうすると自分の行動が変えられるわ。損得勘定抜きでいつも協力してくれる人を冷たくあしらうなんてことは、人間そうそうできないから、きっと自分が協力して欲しいときの問題解決の一歩につながるわ」

「ホントだ」。またも、牧村と高野が同時に声を出した。

「単純なことかもしれないけれど、こうした積み重ねが大切なの。こうすれば、問題解決にもつながるし。怒鳴っているばかりで状況が変わらない日々と違ってストレスもたまりにくい。何より、いつの間にか自分のリーダーシップレベルも確実に一つ一つあがっていく。そうするとより大きな成果をあげられるようになって、仕事が楽しくなる。仕事が楽しくなれば、生きていて幸せにもなるしね。

多くの人が**『自分に指を向ける』って大変だって言うけれど、結局はそのほうが楽になるの**。そうしないから、自分では頑張っているつもりでも、人望が育《はぐく》まれなくて、必要な協力も十分得られない。その結果、成果も思ったようにあがらないし、ストレスばかりがたまる。しまいには人間嫌いになることだってあるし、いつもイライラしているから幸せ感がわいてこない。そんな悪連鎖になるの。だからね、やってみて。幸せになるコツ」

と言ってママが自分に指を向けると、三人も同じように自分にやってみた。

「『自分に指を向ける』ね。いいこと学んだわ、ママ。確かに、自分の責任から逃げたいから、指って他の人に向けがちだけど、それで私も、何かいいことが起きたことはないわ。問題解決しないから、かえって責任がだんだん大きくなっていくし、ストレスがたまる一方になる。そうか。何か、急がば回れ、みたいな話だけど、いいですね、これ。私の教訓にしますね」と牧村が言った。

それを受けて高野が、「確かにその通りですね。僕も教訓にします。ただ……」と言いながら牧村を見て、「美香が言った『急がば回れ』は、言葉の使い方がちょっと違う気がするんだけどなあ」と茶化した。

「またあ、賢介は私のことを馬鹿にして！」と牧村はふくれっ面《つら》をして賢介を軽く睨みつけた。

「まあまあ」とママが笑いながら仲裁に入った。そこへ、しばらく口を閉ざして話を聞いていた佐藤がおもむろにつぶやいた。

「まったくその通りなんだよなあ」

第4章
上司が答えを知っている時代は終わった

皆の視線が自分に集まっていることに気づいて、佐藤は頭の中に浮かんだモヤモヤとしたものを皆に投げかけた。

「いや、あのね。今、高野さんの話を聞きながらちょっと考えていたことがあってね。自分のことを棚にあげてなんだけど、自分に指を向けないまま管理職やっている奴ってけっこういると思うんだ。その結果、例えば一〇年課長やっているけれど、管理職としての腕前は一〇年前と変わらない状態の奴。まあ、気づけば俺もその一人だったわけだけど。でも、なんでそれで許されたのかなあ。そして、なんでそれではダメになってきたのかなあと思って」

一同シーンとなった。

「あっ、そんな深刻に受け取らないで。素朴な疑問よ、素朴な疑問」と佐藤は冗談っぽくふるまった。

しかし、みんな真剣に考えてみた。最初に口を開いたのは、やはりママだった。

「佐藤さんの疑問に対する直接の答えになっているかどうかはわからないけれど、私の考え、話していい？　やっぱりいろいろなお客さんを見たり、話を聞いたりしている中で感じていることだけど」

「もちろん、大歓迎」と佐藤が言うと、ママは考えながら言葉を選ぶような、ゆっくりした調子で話し始めた。

「就職なんて言葉があるけれど、これまでの日本って、実際には就社だったわけじゃない。そして終身雇用が前提で会社に入っていたわけよね。無事勤め上げたときの退職金があって、中には社宅もあって家の面倒まで見てもらえるなんてことが普通にあったわけじゃない」

「そうだね。少なくとも俺が入社した時代は、それがあたり前だったし、その待遇の良さを競いあっていたくらいだよ」と佐藤。

「そうでしょ。就社して終身雇用。ある意味、それは会社に人生を預けるわけよ。会社イコール人生という不文律の契約をお互いに交わすということね。そしてそれは、お互いにメリットがあったから問題もなく成立したの」

「それって、どんなメリットなんですか？」と牧村。

「社員にしてみれば、人生や生活の安定、安心というメリットね」とママ。

「会社にとっては？」

「会社にとっては、人材を長期的に囲い込みできるというメリットが一つ。もう一つは社員の人生を預けてもらえるということね」

「それって、どういうメリットがあるんですか？」

「うーん。人生丸ごとだから、ある意味時間的な制約がないわけじゃない。大切なのは、時間的制約がないものを預けてもらえるということの意味よ」

「時間的制約がないものを預けてもらえることの意味ですか……」

「私、そこから長時間労働が前提の日本の働き方が、生まれてきているんじゃないかって思うの。**会社に丸ごと面倒を見てもらう代わりに自分の人生を預ける。人生を預けているのだから時間的制約がない。だから長時間働いても問題ないし、むしろ、会社はそうやって働くのがあたり前の仕組みやマネジメントになる。**社員の人たちも、会社というのはそういうもので、それがあたり前という認識を持っている。だって、そういう契約を暗黙のうちに交わしているわけだからね。そして、そうやって**長時間働ける人、働く人が偉い、頑張っていると評価される**。非効率なところがあったとしても、今までの時代は労働量の分だけ、なにがしかの成果の積み上げができたから、そうやって長時間働いてもらえれば会社のメリットは大きい」

「なるほど」と佐藤が唸った。

「マネジメントも同じ。非効率なマネジメントをやっていても、大きく問題にはならない。例えば、会議がやたら多かったり、長かったり。あるいはスタンプラリーなんて話題が出ていたけど、何個もハンコを連ねて意思決定に時間がかかることもそう。それに、科学的ではない、根性論の指導だったり。現場で仕事を通じて育てる、なんて言うけれど、時間的制約がないから、**同じ仕事にずっと塩漬け状態や放置状態にしてしまったりしてすごい時間をかけて、ある程度の年齢になるまでたいした役割は任せてもらえない**とか。

確かにとても非効率で、みんなが気づいている課題だけれど、ときどきやり玉にあがるだけで、みんな本気では変えようとはしない。非効率かもしれないけれど、そのデメリットを上回るメリットを、会社は長時間労働による労働量分の成果として享受できていたから、許容できたの」

「ママ、その考え方、面白いよ。合点がいく。だから、自分みたいに一〇年たっても成長していない非効率な課長が、課長としてなんとか許容されたんだ。問題ではあるけれど、頑張って働いた労働量分の成果は一応は出ているので、大きな問題にはならなかった。

でも、俺自身もそうだけど、この先は、それではリーダーとして全然やっていけないことを肌身で感じているし、会社もこれからは本気で変えようとしている。それはなんでなんだろう？」

佐藤の質問に対してママは話を続けた。

「それは、もう何年も前から起き始めていることだけど、社会も人の価値観も変わってきたからよ。ううん、こういう商売をやっていると世間のことがよくわかるのだけど、『**すでに変わり終えた**』というほうが正確よ」

「変わっている途中ではなく、変わり終えちゃったの？」と佐藤が怪訝《けげん》な顔をして言った。

「そうよ。**変わり始めたでも、変わっている途中でもなく、世界はすっかり変わり終えているの。そして、とっくに新しいゲームに切り替わっているの**。それに気づくことが必要なの。

例えばビジネスでは、創造的であることが、お金を稼ぎだす付加価値のど真ん中に、完全に変わりきってしまったの。汗の量じゃないの。こういう私たちのような飲食店だってそうよ。営業時間を長くして店を開けていれば儲かるなんてことは、今の時代はないわ。自分たちの店が何者なのか、そういう特徴を生み出して初めてお客さんは来てくれて、お金を使ってくれる。

今の時代、マネジメントや会社の仕組みが非効率でも労働時間の長さ分が、なにがしかの成果を積み増してくれる時代ではなくなってしまったの。その非効率な時間分は、利益を食べてしまう単なるコストでしかなくなったの。

社会も変わったわ。そうやって、世界の産業構造が変わっているのに、いまだに非効率なマネジメントで**長時間労働前提の仕組みになっている会社を、社会が許さなくなったの。**そういう会社には社会がハッキリとノーを突きつけるようになったわ。

人の価値観も変わったわ。**力を発揮している実感や、成長実感を得るまでに時間がかかるような会社では、若い人は待てず、転職していくようになったわ**」

「私も、その一人かもしれないです」。牧村が言った。

「それに、就社して、**会社イコール人生という価値観ではなく、ワークライフバランスといって、仕事だけでなく人生全体をもっと総合的に楽しんで生きるという価値観に変わったでしょ**」

「ママの話、すっごくわかる。私もワークライフバランス派。会社のことは大好きだけど、会社イコール人生という考え方はしていないわ」と牧村が同調した。

「僕もそうですね。でも、よく誤解されるのが、年配の先輩社員とワークライフバランスの話をすると、『お前らはいいよな。そうやって何かあったらすぐに会社見限ろうとしているからな』みたいなことを言われるんですよ。いやいやいや、そういう話じゃなくて、自分は、会社は好きだしものすごくコミットしている。だけど会社イコール人生かと言われると、そうじゃないってことなんだけど、このあたりのニュアンスが今一つ伝わらない感がありますね」と高野。


ママはニッコリして、高野に顔を向けて言った。

「そうね。そのギャップがあるところが、まさに課題ね。でも、あれよ、その年配の社員の人たちも、本当のところは人生をもっと謳歌したいと思っているはずよ。ただ、立場とか、先輩風、年配風吹かすみたいなところが、そう言わせてしまっているだけだと思うのよ。そうよね、佐藤さん」


突然ママにふられて、佐藤が口に含んでいたシャンパンでむせ返った。

「えっ、ああ、そうだな、そういうことだ」と慌ててこたえると、みんな笑った。

「そんなにおかしいかあ」と自分でも笑いながら佐藤は続けた。

「そうだよ。自虐的だけど、ぎりぎりバブル世代だからさあ、本当は若い頃、俺たちが一番その価値観持っていたはずなんだよね。だって、俺たちのときは、マスコミの新入社員調査で『デートと残業どちらを優先しますか』という問いに対して『デート』って答える奴の割合がかつてないほど多かったなんて言われて、上の世代から非難されたくらいだからね。だけど洗脳されちゃったのかなあ。いつの間にか、人生をすごく狭い世界観でとらえるようになっていたわ。やられたなあ。

そう、高野さんの言う通り、俺も会社は好き。だけど、会社イコール人生の単色ではなく、会社を含めて、もっといろいろな色で人生を彩って生きていきたい。うん。これが、やっぱり俺の本音だわ」

「あっ、佐藤さんいいこと言いますね。いろいろな色で人生を彩って生きたいって。何か、かっこいい!」牧村が手を叩いて佐藤を称賛した。

「いやあ」。佐藤は思わず照れくさくなった。

温かい目で、そのやり取りを見守りながら、ママは、「この話にはまだ続きがあるけど、もう少し続けてもいい?」と皆に聞いた。

「もちろんです」と高野がこたえた。

「今話したように私たちを取り囲む世界は変わってしまったの。そして他にも、今までのようなマネジメントでは通用しなくなった変化はあるのよ。これは、もう随分前から起きた変化なんだけどね。なんだかわかる？　牧村さん」

「えっ、私ですか。マジですか。困ったなあ。賢介ならわかるんじゃない？」と牧村はママからのボールを高野にそのまま投げた。

「えっ、僕も今すぐにはパッと浮かばないですよ」とさすがの高野も答えに窮した。

ニコッとしてママは言った。

「答えは簡単よ。もう**今の時代は、情報格差社会ではない**ということよ」

「あ〜、そういうことか」と高野が悔しそうに言った。

「昔、インターネットがない時代は、上司のほうに情報優位性があったの。経験知も含めてね。上司のほうが知的情報性が高かった。だけど今の時代は、あたり前の話だけど、情報は簡単に手に入る。上司の経験知以上のことだってネットの世界で簡単に取ってくることができる。高野さん、牧村さん、そうよね」

「はい。私の場合だと、お客様先で、わからないことがあっても、スマホがあれば、簡単にその場でお答えできます」と牧村が自分のスマホを取り出して、指でスワイプするしぐさをして言った。

「そうよね。グーグルやいろいろなSNSもあるし、会社のサーバーともつながっていれば、そこにある情報もすぐに引っ張り出せるわよね。

それに、基本的なことなんだけど、上司と部下の学歴格差なんていうのも、とっくの昔になくなっているわ。大学卒業が珍しい時代なんて、それこそ、いつのことだって話よね。

だから、知的情報性に関しては、上司と部下との間にたいした差はないのよ。上司は『ある』と思い込みたいかもしれないけれど、『ない』って考えたほうが現実的なの。

実際、どんな分野でも**日々いろいろに変化して新しいものが出てくるから、場合によっては上司よりも部下のほうがよく知っているなんて逆転現象がざらに起きているわ**。

すごく身近な例でいうと、私だって、店の情報をインスタグラムを使って発信するなんて、明らかに最近店に入ってくる若い子のほうが圧倒的に詳しくて、すごいもの。すっかり私が生徒の立場よ。

それに、専門も細分化されてきているから、例えば技術、会計、法務なんて専門性の高い世界でも、上司のほうがすべての分野で部下よりも上回っているなんて、ありえなくなっているわ。その専門分野の、どこか特定のところに関してはすごく詳しいけれど、その他のことに関しては、同じ専門分野のことでも、あまり詳しくないってことが普通に起きているの。

これだけ世の中の変化が激しくなって、どんどんこれまでにない新しい価値が求められるようになると、**上司が自分の経験値から答えを知っていて、その指示に従って黙ってやっていれば成果があがるなんて時代ではなくなった**の。

それで成果があがって会社の業績があがって自分たちの給料もあがるのなら、まだ部下も納得できるわ。でも今の時代は、そうならない。そうならないのに長時間働くというのでは、それはつらい我慢にしかならない。つらい我慢の先に展望が見えないから心が疲弊していく。疲弊した状態で働いて、本当にいい仕事ができるわけがない。そして、人々の人生に対する価値観も変わっているので、そんな会社で働きたいと思わなくなっている。そうなると、会社は人が集められなくなって、仕事が回らなくなるわ。私がやっている飲食の業界でも、人手不足で店を閉めなくてはいけなくなっているところがたくさん出てきて、困っているわ」

「ママのところは大丈夫なの？」と牧村が少し心配そうに言った。

「幸いね」とママは笑顔でこたえた。

「本当に嬉しいことに、スタッフの人が辞めないし、それに今のスタッフが友だちや知り合いを『うちで働いたら』って、どんどん薦めてくれるみたいで、助かっているわ」

「さすがですねえママは。うちの会社も、今は人手不足で、思うように人がとれなくて困っているっていう話です」と高野が言った。

ママは、再度真剣な目でみんなを見て話し始めた。

「とにかく大切なことは、上司が答えを知っていてそれを黙々と実行する時代は終わった、**今、そしてこれからは、働いているみんなの力で答えを見つけて創っていく時代になった、**ということよ。

そんな時代に、上から目線だとか、自分が一人で引っ張るというようなリーダーシップではもう通用しない。

それよりも、**自分と違う力を持っている、一人ひとりの強みをどう活かすか、どうモチベーションをかき立てるか。それが今まで以上にリーダーにとっては重要**になってきているの。

就社、終身雇用といっていた時代は、会社のブランドや会社という制度が社員のモチベーションを保ってくれたかもしれないわね。だけど、これからは、会社ではなく、リーダーが目の前の一人ひとりの社員のモチベーションをマネジメントして、その力を思う存分引き出すことが、これまでの時代とは比べ物にならないくらい大切になっているの。それができないと、たいした成果が出せない時代になったと私は思うの」

話し終えると、ママはカウンターの奥へ行ってミネラルウォーターを持ってきて、グラスに注ぎ、一気に飲み干した。

「ごめんなさいね。いっぱいお話しすると、喉が渇いちゃって」。そう言いながら、もう一杯水をグラスに注いだ。

頃合いを見計らって高野が口を開いた。

「大切な話をありがとうございます。今のことは自分に指を向けて考えたいと思います」

「えっ、高野さんじゃなくて、俺たちの年齢の管理職が気をつけなくてはいけない話だと思って聞いていたよ」

高野の発言に佐藤は少し驚いたようだった。

「はい。でも、僕は自分が反省しないといけないと思って聞いていました。僕は、会社の管理職の中では若いほうなので、年配の上司や先輩に対して『そんなことは僕のほうがよく知っているのに』とか『いやいやいや、それは古いでしょ』とか『えっ、そんなことも知らないいんですか、操作できないんですか』なんて、内心思うときがしばしばありました。心の中で、ちょっと小馬鹿にしちゃうというか。

でも、部下からしてみれば、今度は僕がそう見えているのかもしれないです。実際、部下のほうが自分よりもイケてる分野は、さっきママが話してくれたように、いろいろなところであるはずです。そのことを常に認識していないと、間違った上から目線マネジメントをやりかねないと思いました」

高野は真顔のままこたえた。

「偉いねえ。素晴らしいよ」と言って、佐藤は高野の肩をポンと叩いた。

「そういうところが賢介のいいところよね」。牧村も高野を認めた。

「いや、そんなことないですよ」と返しながらも、高野はまだ何かを考え続けているようだった。

第5章

あなたについてきてくれる人はいますか?

「どうしたの、まだ何か考えているの?」と牧村が尋ねると、高野はおもむろに自分の頭の中で巡っている考えについて話し始めた。

「今日ね、ママが話してくれたことをずっと考えていたんだ。つまり、本当にリーダーシップが発揮できているということって、どういうことかなと考えていた」

「で、結論は出たの?」と佐藤。

「はい。今思っているのは、結局、本当のリーダーシップというのは、引っ張るということではなく、

『自分についてきてくれる人がいる』

かどうかってことじゃないかということです」

「なるほど、『自分についてきてくれる人がいる』ねえ」

佐藤は納得したように、高野の言った言葉を繰り返した。

「はい。**引っ張るというのはあくまでも状況に応じて取る手段の一つであって、それそのものがリーダーシップではない。**

でも、直線的に、それこそがリーダーシップだと思い込んでしまうと、ママが話してくれたような落とし穴にはまる。その落とし穴にはまってしまうと、よくよく見ると、自分についてきてくれている人がいない。

あっ、もちろん表面上というか形式上はいますよ。だけど、それはその人が課長だからついてきているとか、部長だからついてきているとかだと思うんですよ。もう少し露骨な言い方をすると、その人が課長や部長という役職者で、自分の評価権限だとかいろんな権限を握っているから仕方なくついてきているということですかね。でもそれは、その人の持っている役職についていっているだけで、本当にその人についていっているわけではない。これでは、本当のリーダーシップを発揮している状態ではないんじゃないかと思ったんです」

「なるほど」と佐藤はうなずく。

「だから、例えば僕の部下が、『課長だから高野の話を聞く』というのではリーダーとしてまだまだ全然ダメだと思うんです。

そうではなくて、『高野だから話を聞きたい』と言ってもらえるようにならないといけないなと。『高野が言うことだから、やってみよう』と部下が思ってくれるようにならないと。役職ではなくて、『高野という個人そのもの』についていきたくなるような魅力がある。本当のリーダーというのはそういう人なんじゃないかなと思います」

手元の水をゴクリと飲んで一呼吸おいてから、高野はさらに続けた。

「こうやって考えてみると面白いと思ったことがもう一つあるんですよ」

「どんなこと？」と牧村が尋ねた。

「うん、『高野だから話を聞きたい』とか、『高野が言うことだから、やってみよう』みたいに、他の人が『高野という人間そのもの』についてきてくれる状態を作り出すのが本物のリーダーシップだったとしたら、**リーダーシップは、別に部下に対するもの、という限定的なものではない**。他部署の人にだって、お客様にだって、それに上司にだって発揮できることなんだと思ったんだ。

実際、すごい成果を出している人って、部下の立場なのに上司を自分の応援団にしてしまって、上司を動かしている人だもんね。

僕は平社員のとき、**リーダーシップなんて自分には関係ない、それは役職者になってからのものと思っていたけど、そんなことはない。どんな立場であっても、いろいろな対象に対してリーダーシップってとりうる**んだよね」

「素晴らしい！」

佐藤は身を乗り出して高野の両手をガシッとつかんで、握手をした。

「すごいよ、高野さん。俺も、今日いろいろと話をしたことって、何となくそんな感じじゃないかなって思っていたんだけど、言葉にうまくまとまらなくて。

いや〜、今のでスッキリしたよ。そうなんだよ、その通りなんだよ。そうならなくちゃダメなんだよ。俺は、それが欠如していたんだよ。まずは、『課長の佐藤』ではなくて、『佐藤浩二』という人間についていきたいっていう部下をもっと持てるようにならないといけない。そして、そのことは部下に対してだけでなく、自分を取り囲むいろいろな人に対しても発揮できるようにならなくてはいけない。今日、気づいたのって、そういうことだったんだよ。いや〜、ありがとう。言葉にしてくれて」

「賢介、私からもお礼を言うね。今の話、すごくわかりやすかった。うん、私もわかった」

そう高野に伝えてから牧村は、今度はママのほうを見た。

「ママも今日はお店がお忙しい中ありがとうございます。おかげで、私の中のリーダーシップのイメージが変わりました。私には無理だと思うやり方、私がやりたくないと思っているやり方が、別にリーダーシップでも何でもないことがわかりました。会社に辞表を出すのはやめます。何か、こうやって話をしていたら、私もリーダーに挑戦してみたくなりました」

牧村の顔は、ママに悩みごとを話し始めた頃と比べて随分と朗《ほが》らかな表情に変わっていた。

「よかったわね、皆さん。それぞれの頭や心の中が整理されたみたいで」

ママも嬉しそうにこたえる。

「ママのおかげですよ」。高野が言った。

「そうそう、ママのおかげ。今日はありがとう」。佐藤が言った。

そこへ牧村が少し言いづらそうな様子で、ある提案を皆にした。

「あのお、よろしければまた、こういう時間を作りませんか」

皆、ちょっと驚いた感じだった。牧村は言葉を続けた。

「いや、だって、すっごくいい時間だったんですよ。何か、これで終わってしまうの、もったいないなって。おかげで、私もリーダーを引き受けることに挑戦してみようかなと思ったけど、自分だけだとすぐに折れちゃうかもしれない。やるからには部下になる人たちに迷惑をかけないようにしないといけないから、もっともっと勉強しなくちゃいけないと思うんです」

「いいねえ、賛成だよ。俺も乗った。実際、俺も、今日反省しておきながらすぐに元に戻ってしまう可能性があるからね。こうやってちょくちょく刺激をもらえると助かるよ。それに、牧村さんや高野さんのように違う世代の人たちと、リーダーシップっていう同じテーマで話をしていると、改めて勉強になることがたくさんあるしね。何よりも、一応管理職の先輩として負けられないしね」と佐藤も大いに乗り気で言った。

「僕ももちろん、大歓迎です。そんな時間を作ってもらえるなら、とても嬉しいですよ」

と高野も賛同した。

「ただ……」と高野はママに視線を向けた。

「僕たちはいいけれど、ママは仕事の最中だから、こんなことを続けられたら、いい迷惑じゃないかなって」

「確かにそうだな。でもママ抜きではダメだしな」と佐藤。

「そんな。私なんて抜きで大丈夫よ。皆さんだけで、いい議論できるわよ」とママは返した。しかし佐藤は首を振った。

「いや、やっぱりママの話がいいんだよ。それが刺激になって、俺たちはいろいろなことに気づける。そういう気づきがまず生まれるから、いい議論ができるんだよ。だから、ママが必要なんだよ」とあきらめずにお願いをした。

「ママ先生ね」と、牧村が言った。

「そうそう、ママ先生。頼むよ」。佐藤は粘った。

「もう、先生はよしてよ。どうしようかしら」

困惑しながら、少しの時間、ママは思案した。

「わかったわ。やりましょう。考えてみれば、私も皆さんに話をすることで、自分が大切にしていることを整理できるから、私自身の勉強にもなるわ。そして、何よりも皆さんの考えを聞かせてもらうことで、改めて私も学べることがたくさんあるわ。誰にとっても素敵なことですものね。ぜひやりましょう」

「サンキューママ！」

代表して佐藤がお礼を言うと、高野、牧村も「ありがとうございます」と続いた。

「ママ塾ね」。またもや牧村がネーミングをした。

「いいねえ。ママ塾ね」と佐藤が乗っかった。

「もういいわ。反論しない。好きにして」

　ママ塾なんていう名前に照れくささを感じながらも、ママはそれでいいわと引き受けた。

「じゃあ、次回の日程を決めましょう」と牧村がすかさずスケジュール確認をした。

「こうやって気分が乗っている状態から、あまり日をおかないほうがいいですね」と高野が意見を述べた。

「そうだな、じゃあ、再来週くらいでどう？　ママ、何曜日の何時くらいだったら、お店的に、こうやってママが話に参加できそう？　いや、無理を承知で言っているのはわかっているけどさ」

　店の常連でもある佐藤が話をまとめにかかった。

「そうねえ。皆さんは週末に近いほうがいいかもしれないけれど、お店的には、申し訳ないけど、月曜日の一八時頃が助かるわ。まだ他のお客さんが少ない時間だから」

「オッケー。その時間開始だったら、月曜日からちょうど自分の働き方改革にもなるし(笑)。俺はそれでいいよ。高野さん、牧村さんはどう？」

スマホのスケジュールアプリを開きながら、「大丈夫ですよ」と二人は声をそろえてこたえた。

スマホにスケジュールを書き込み終えると、画面から顔をあげて、高野が言った。

「僕からも提案を一つ加えていいですか」

「どうぞ、どうぞ」と佐藤。

「再来週の月曜日だと、まだ一〇日間くらいあるじゃないですか。やる気モードを下げないためにも、せっかくなので宿題を決めて、やってくることにしませんか」

「さすが、高野さんだね。昨日までの俺だったら反対。今日からの俺は賛成だよ。いいんじゃない。そうしよう」

「でも、どんな宿題がいいかな。賢介、何か案あるの？」

「さっき、本当のリーダーって『自分についてきてくれる人がいる』ってことじゃないかなって整理したじゃないですか。だったら、逆に、僕たちが部下や後輩として『ついていきたい』って感じたリーダーって、どんな人だったのかを具体的に思い出して、考えてくるというのはどうでしょうか」

「面白いね。確かに振り返ってみれば、そういう人は俺にも何人かいたよ」

「具体的に思い出す、って何をしてきたらいいのかな」という牧村の質問に高野は答えた。

「例えば、『こんなときに、こんなことを言ってもらった、あるいは、こんなことをやってくれたからモチベーションがあがった』とか、逆に『へこんでいたんだけど、そんなときに、こんなことを言ってくれた、こんなことをしてくれたので、心が救われた』とか。そういう体験があったので『この人にはついていきたいなあ』って思った。まあ、そんな体験を思い出してきたらいいんじゃないかな」

「了解。わかった。それだったら、私にも思い当たることがある。やってくる。あっ、待って。もう酔いはさめているけど、忘れっぽいから、今のもメモしておく」と言って、スマホを取り出して、先ほどの高野の説明を、自分の声で吹き込んだ。

やり取りを聞いていたママが話に加わる。

「私からも一ついいかしら。それだったら、その逆のパターンも思い出してこられたらどうかしら。『こんなときに、こんなことを言われたから、あるいは、こんなことをされたからやる気がなくなったとか、気持ちがへこんだ』みたいな。つまり、されて嫌だったってことね。そのほうが対比になって面白くなるんじゃないかなと思って」

「グッドアイデアですよ、ママ」と高野が賛同した。

「それともう一つ」とママがさらなる提案をした。

「私も自分に宿題を出すわ。今日の続きの話を考えておく。いろいろなお客さんから私が学んだことって、まだあるはずだから、自分の頭の中を整理して、きちんと皆さんにお話しできるようにしておくわね」

「ママ先生の『リーダーとして、あたり前だけど大切なことシリーズ・パート2』だね」

と佐藤が表題をつけた。

「それでは、今の宿題を、それぞれがやってきて、再来週の月曜日一八時に再会ということで」と高野が締めにかかると、佐藤から、「じゃあ、乾杯しよう乾杯」という声がかかった。

「それじゃあ、佐藤さんお願いします」という高野からのふりを受けて、佐藤が、「それではママ塾第二回、『リーダーとして、あたり前だけど大切なことシリーズ・パート2』に向けて乾杯！」と言うと、全員が「乾杯！」と唱和してお互いのグラスをカチンと合わせて、その日の会を締めた。

第6章 組織力の方程式

一〇日後の月曜日。高野は集合時刻よりも早く店に着いたので、先に入って、カウンターで、ガーリック風味の焼き枝豆を肴に、一人でクラフトビールを飲んでいた。

一〇分くらいたったところで牧村が到着して、「お待たせ」と言って、高野の隣に座った。

「えーっと、私はよく冷えた白ワイン頂こうかな」とバーテンダーに話しかけ、お薦めのワインを一杯持ってきてもらうことにした。

「どうだった美香、リーダーの件?」と高野が尋ねた。

「引き受けてみます、挑戦させてください、と言ったら最初驚いた表情をしていたけど、私を推薦してくれた上司の人も人事部の人も好意的に受け止めてくれて、喜んでくれた」

「よかったじゃない」

そう言ってニッコリすると、高野は、今、牧村の目の前に運ばれてきたばかりのワイングラスにカチンとグラスを合わせた。

ほどなくして佐藤が店に入ってきた。高野と牧村を見つけると、佐藤は軽く手をあげて、二人がいるカウンターにきた。

「佐藤さん、何かいい顔していますね」

佐藤が店に入ってきたときから笑顔なのをとらえて、高野が言った。

「あっ、そう。わかる?」

「何かいいことでもあったのですか?」

「いや、別に特にいいことがあったわけじゃないんだけどね」と言って、佐藤は今日あったことを話し始めた。

「今、店に来る前に、会社出ようとしたら、部下の一人から『佐藤さん、少し雰囲気変わりました?』って言われたんだよ」

「へえ、すごいじゃないですか」と言って、牧村が大きく目を開いて、佐藤を見た。

「いやいや、それが、全然すごくなくてさ。俺が『そうなの?』って逆質問したら、その部下から『何か、最近気分が良くなることがあったんですか』って。思わずガクンッてきたよ。一応、俺もこうやってみんなと会う手前、『あのときのやる気、一週間も持たなかったんですか』、なんて言われるのも嫌だし、先週の月曜日から、自分に指を向けて、言動を改める努力をしたんだよ」

「やっぱり、すごいじゃないですか」と再び牧村が佐藤の行動を褒めた。

「まあ、そりゃあたかが一週間くらいで、周りの評価が変わるわけないって、それはわかっているけど、俺がいい感じの上司としてふるまっていても、周りからは『気分がいいのかなあ』ってくらいにしか思われないんだよなあ。

でも、まあ、よくよく考えれば、そりゃそうだよなとも思う。上司として、過去の負の遺産がたくさんあるから、そう簡単には評価は変わらないよなあ。

それでも、本当の理由は違うけれど、雰囲気が変わったと少し感じてもらえたということは、一つの収穫だったと思うよ。ママが言っていたけれど、確かに人には感じる力がある。だったら、継続してやっていけば、そのうち負の遺産の借金を返して、真っ当な上司として見てもらえる日が来るのかもなあ。ここへ来る途中、そんなことを考えていたら、何かちょっと心が躍ってきたんだ。それが今、顔に出ていたかもしれないね」

佐藤が話し終えると、高野も牧村も「おーっ」と軽く驚く表情をした。そして佐藤にリスペクトを示しつつ、心の中では「自分たちも負けられない」という気持ちに火がついた。

そこへ、ママがやってきた。

「あらあら、皆さん、もうおそろいのようね」と三人に声をかけた。

「すいません、営業中の忙しいところを、ご無理申し上げて」と高野が、今日の場を再び許してくれたママに改めてお礼を言った。

「あら、もうそれはいいのよ。私からもやりましょうって言ったことですし。それにスタッフたちがしっかりしているから大丈夫よ」

「ありがとうございます」。三人は口をそろえて言った。

「それより、何? さっき、佐藤さんの話で盛り上がっていたようだけど」

さすがママ。離れた場所にいたはずなのに、しっかりとカウンターの様子をとらえていた。高野がかいつまんで先ほどの佐藤の話をした。

「佐藤さん、すごいじゃない。きちんと一週間、意識して取り組んでみたって」

ママは音のしない軽い拍手を佐藤に向けた。

「ありがとう、ママ。そういうわけで、俺、今やる気モードなの。なので、ママ塾さっそく始めようか。おっと。その前に、飲みながら、ということで……えっと、とりあえず一本目は、あまり重くないほうがいいかな」

佐藤はワインリストをじっと見た。

「じゃあ、このあたりのミディアムボディの赤で。二人とも、それでいいかな」

高野、牧村が同意すると、「おつまみは、ママに任せるから適当に」と言って、佐藤はワインリストを閉じた。

佐藤の言葉を皮切りに、第二回目の勉強会が始まった。


「じゃあ、きっかけ作りということで、まずは私の話から」

そう言ってママは、前回自分で自分の宿題として課した『頭の整理』用に作ったと思われるノートを取り出して、少し眺めてから話を始めた。

「リーダーは一人で戦う人じゃない。一人で仕事をしたところで、たいしたことはできない。リーダーは組織で戦う人だし、そのために存在する人よね」

前回の学びもあり、三人ともうなずきながらママの話に耳を傾けた。

「組織で戦うためには、組織としての戦闘能力を高めなければいけないんだけれど、私は、いろいろなお客さんの『うまくいった』『うまくいかなかった』という話を耳にしてきて、そこにはある方程式があると思っているの。組織力の方程式。さて、どういう方程式だと思う？　牧村さん、どう？」

「えっ、最初から私ですか。えっ、方程式？　私、数学苦手だったからなあ」

「大丈夫よ。数学というよりも初歩的な算数。難しかったら方程式って言葉を忘れて、組織にとって大切なことを考えてみて」とママが助け船を出した。

「そうですねえ、やっぱり、優秀な人がいたほうがいいかな」

「正解よ」

ママは牧村にニッコリ微笑んだ。牧村は少しホッとした表情を見せた。しかし、安堵も束《つか》の間《ま》。すぐさまママは牧村に尋ねた。

「でも、もう一つあるわ。何だと思う」

「え〜、何だろう。もう一つ？　わからないなあ」

牧村が答えに窮していると、

「そこにいる人たちが、どれだけお互いに結びついているかってこと、じゃないかな」

意見を言ったのは、いつもの高野ではなく、佐藤だった。

佐藤のほうを見てママは、ためを作ってから「正解よ」と微笑んだ。

「よっしゃあ」

佐藤は軽くガッツポーズをして喜んだ。

「いやあ、前回の勉強会の話の流れから考えて、そうじゃないかなあと思って」

佐藤はよほど嬉しかったのか、得意そうな顔をしてワイングラスに口を当てた。

ママはノートを一枚破って、みんなの前で、何かを書き始めた。

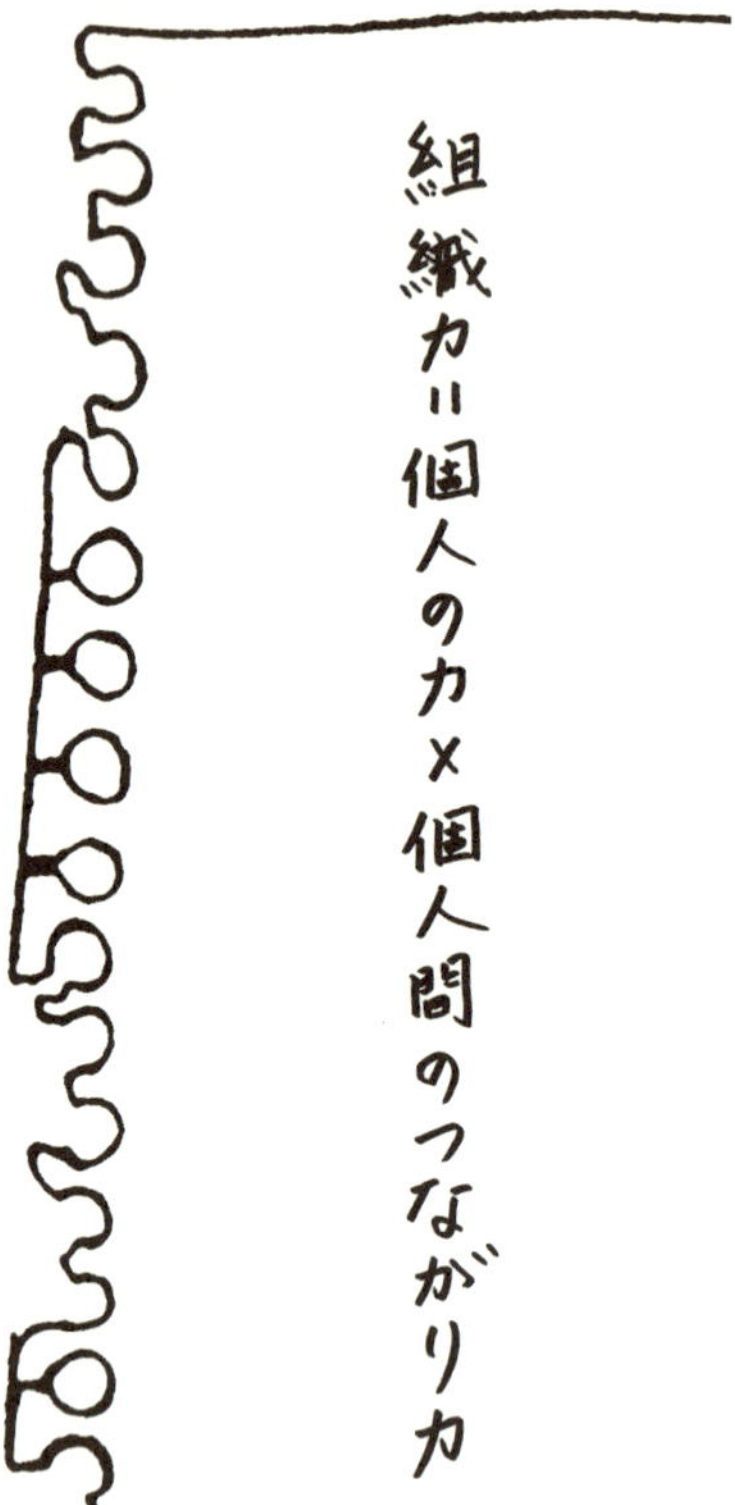

「そう。単純な方程式にすると、組織力はこれで表すことができるの。そして、ここで**大切なことは、この方程式が『掛け算』**だってことよ」

ママの説明を聞いて、牧村が質問をした。

「『掛け算』だと、どういう違いが出てくるのですか」

「いい質問ね。掛け算ということは、いくら優秀な人がいて、個人の力が高くても、個人間のつながり力が低かったら、たいして組織力は大きくならないということよ。

例えば、優秀な人がそろっていて、個人の力が8くらいだったとしても、個人間がバラバラで、つながり力が2、1、0だったら、掛け算したら16、8、0と、たいした数にならない。だけど、それほど優秀な人ばかりが集まっているわけではなくて、個人の力が5くらいだったとしても、しっかりとお互いがつながっていて連携ががっちりしていて、その力が8、9、10だったとしたら、40、45、50と、大きな数になる。

組織力というのは、単に、そこにいる個人の力の足し算の合計ではないのよ。例えば野球やサッカーのような団体スポーツでイメージするとわかりやすいと思うわ。野球だったら四番バッターばかり、サッカーだったらフォワードのスターばかりを寄せ集めても、決してそのチームが強くなるなんてことは起きないでしょ」

「なるほど〜。理解できる。わかりやすいわ」

そう言った牧村のみならず、佐藤も、高野も、勉強会開始早々身を乗り出して聞いていた。

「そこに組織で戦うことの面白さや醍醐味《だいごみ》があると思うの。だって、集まっている個人の力だけで勝負が決まるのなら、いつだって大企業が勝ちで、大企業はずっと繁栄し続けるでしょ。大企業には世間的にいうところの優秀な人が集まりやすいのだから。

だけど、そうならない。小さなベンチャーがあっという間に逆転勝利を収めたり、子会社が親会社を支えるような業績をあげたり、あるいは、そうやって優秀な人ばかりがいるはずの大企業がダメになって傾いたり、倒産したりすることも珍しくないでしょ」

「まったくだよ。うちの会社は大企業で、名前も知れているから、それこそ毎年入ってくる社員は、出ている大学も偏差値的に上の奴らが多い。でも、新聞なんかでみんなも知っていると思うけど、業績はずっとガタガタで、不祥事なんかも起きて、今や会社の危機だ。すっかり、あとから出てきた会社やライバル会社に追い抜かれちまっているよ」

佐藤は苦々しい顔をして、自分の会社の現状を吐露した。

「そうなのよ。大切なことは掛け算だってことなのよ。『個人間のつながり力』という変数が掛かってくるのよ。ところが、それを忘れているのか、あるいは、日本人はそこは元々強いから大丈夫だと、根拠もなく高をくくっているのか、**マネジメントとして『個人間のつながり力』を高めることに、『個人の力』を高めるのと同じくらいの熱を込めて、投資をしている会社が少ない**と思うの」

「確かに。うちの会社は、一人ひとりは優秀な奴が多いけど、組織としては、何かギスギスしてバラバラな感じだもんな」と佐藤。

「掛け算だから、『個人の力』を高めるための工夫や努力はもちろん大切よ。これも変数の一つだから、そりゃあ低いよりも高いほうがいいわよ。だけど、変数は二つなの。この二つは優劣があるわけでなくて同格。だからもう一つの変数である『個人間のつながり力』も、同じくらいに工夫や努力をして高めないと、掛け算したら全体では組織力を大きくすることはできないの」

「ちょっといいですか」と高野が、小さく手をあげて話に割って入った。

「うちの会社でも、ここ数年、運動会の復活とか、社内イベントを増やそうなんていって、おそらく、その『個人間のつながり力』を高めようと思ってやっていることが、ちょこちょこあるのですけれど、正直盛り上がっていないし、最近だともう飽きてきてやめようかなあ、みたいな雰囲気になっています。何となく、あんまりこういったことが『個人間のつながり力』を高めることに役立っている感じがしないんですけど、これ、何かうちの会社が間違っているんですかね?」

「いい疑問よね」とママは高野の問いかけを鷹揚《おうよう》に受け止めた。

「じつはね、お客さんからもそういう話をよく聞くの。やってもあんまり変わらないなあって。でもね、運動会や社内イベント、あるいはサンキューカードとかその類《たぐい》のこと自体がダメなのかというと、そうではないの。だって、それがすごく盛り上がって『個人間のつながり力』の向上に一役買っているという会社も、お客さんの中にはけっこうあるのよ。じゃあ、同じような施策でも、それがうまくいっている会社と、そうでない会社に、どんな違いがあるのか。そこがポイントね」

「どんな違いがあるのですか？」高野は真剣な表情で尋ねた。

するとママではなく牧村が声をあげた。

「うちの会社、けっこう、そういうの盛り上がるよ。特に年一回やる、社内コンベンションっていうのが、本当に盛り上がる。会社の方針説明や、いろんな部署のいい事例を共有しあったり、社員同士の対戦アトラクションみたいなゲームイベントがあったり、表彰式もあったりするんだけど。多くの社員がそれぞれ楽しみにしている、って感じだよ」

「えっ、そうなの？　美香もそう感じているの？」

「うん。私も楽しみにしているよ。何か、そこにいると、すっごく一体感を感じて、あ〜この人たちとつながっている〜という感じがわいてくるの。もちろん、そのコンベンションだけでうまくいっているわけではなくて、他にもそういうつながり力が作られていくためのいろいろな工夫が日常の中や、いろいろな制度の中にもあって、そういうのが全部合わさって、いい状態になっていると思うのだけど」

「へえ。なんで美香の会社は、うまくいっていると思う？」

高野に問われて、牧村は目を宙に据えて、しばらく考えた。

「**経営者が本気**だからかな？」

牧村は自分が考えた末のシンプルな結論を口にした。

「経営者が本気?」高野がオウム返しで尋ねた。

「うん。うちの経営者は、本気で『個人間のつながり力』を高めようとしていると思う。それが会社の成長や成功にとって、ものすごく大事なことだと真剣に思っていると、私は感じる。だから、その社内コンベンションも全然手を抜いていない。毎年中身が進化していっているもの。他の施策もそうよ。従業員の視点に立って、本当によく考えているな、というものが出てくる。やってみてあんまり効果がなかったものは、やめるけど、それでやめっぱなしにするんじゃなくて、また次のトライアルをしてくる。そういうところから、うちの経営者の、この問題に対する本気さが伝わってくる」

「そうなのよ」と、ママが口を開いた。

「私が言おうとした違いも、まさに牧村さんが言った通りのことよ。『経営者の本気』が成否を分けているの」

「ママの答えもそうなんだ」と佐藤が言った。

「いろんなお客さんの話に耳を傾けていると、『個人間のつながり力』を高める施策がうまくいっている会社は、経営者が本当にそういうことが大切だと心から信じてやっていることが伝わってくるの。だから、例えば、そういう会社の人から社内イベントの話を聞くと、従業員以上に経営者が楽しんでいる、って感じね。自分も、そこに一人の人間として参加していて。経営者側がホスト役になって、逆に従業員をもてなしている。そんな様子が伝わってくる。

だけど、そういうのは余興の一つだ、くらいにしか考えていない経営者や、他の会社でもそういった『個人間のつながり力』を高めるための施策をいろいろやっているようだから、うちもまあ何か考えて、一つ二つやってみたらどうかね、くらいの意識で取り組んでいる経営者の会社は全然ダメね。従業員に響かない。いくらお金をかけても意味がないわ。そういう会社だと、例えば社員同士のつながりが目的の社内イベントをやったとしても、従業員は内心、『できたら勘弁して欲しいなあ』と思って参加しているのよ」

「確かに」と佐藤。

「うちの会社もギスギスしてきているから、何かやったらどうなの的な経営者の鶴の一声で始まった社内イベントみたいなのが、つい最近まであったんだよ。さっきの牧村さんの社内コンベンションの内容に近いんだけどね。途中からはパーティー形式で、その中に社内ベストドレッサー賞みたいな表彰イベントがあってさ。その場で、社員が無記名で投票して決めるんだけど、それでいつも誰が選ばれると思う?」

「えっ、わからない。誰?」と牧村。

「私はわかったわ」とママ。

「さすがママ。まあ、せっかくなので俺から答えを言うと、いつも選ばれるのは社長さ」

「え〜、佐藤さんの会社の社長さん、イケメンなの？」

牧村の見当違いに、佐藤は思わず笑い転げた。

「違うよ。ただのおっさん。というかお爺さん。それでも、イタリアオヤジのように、本当にいつもビシッと決まったおしゃれな着こなしをしているんだったら、まだいいよ。でも、実際には全然そうじゃなくて、本当に普通の背広」

「それがなんで選ばれるわけですか」と、牧村は素朴な疑問を佐藤に投げかける。

「だろ。だからみんなしらけちゃうわけだよ。投票する奴も投票する奴だけど。社長も辞退すればいいのに、満更でもない顔して舞台にあがって賞を受け取っちゃうわけ。周りの米つきバッタみたいな役員も嬉しそうなそぶりをしてさ。それで、全員で儀礼的な拍手」

「うわ、きっつー」

形は同じなのに、自分の会社と比べて中身と従業員の受け取り方がまったく異なる佐藤の会社の話を聞いて、牧村は改めて自分の会社は良い会社なんだと認識した。

そこへ、高野が会話に入って、一連の話から自分の解釈を口にした。

「佐藤さんの会社の悪口になってしまうようで申し訳ないですけど、日頃から『みんなが主役』ではなくて『自分が主役』の社長さんなんでしょうね。それが会社の文化になってしまっている。だから、そんなイベントのときにも、無意識のうちに、周りの人たちは『自分たちは脇役』を演じてしまって、ベストドレッサーでも何でもない社長さんを主役として投票してしまう。

でも悲しいかな、選ばれた社長さんを前に一緒に喜んで道化を演じているけれど、内心は皆、心が乾燥していて、しらけている」

「高野さんは、やっぱりすごいね。前回学んだことを当てはめて考えると、そういうことになる」

いつもながらに、要点をうまくとらえて話をわかりやすく整理する高野に、佐藤は感心したように返事した。

話し合って得た成果をどんどん吸収し、着実に成長していっている三人を見て、ママは、勉強会を了承して良かったと思った。それから三人に向かって話しかけた。

「高野さん、まとめてくれてありがとう。では、話を続けるわね。じつは、『個人間のつながり力』を高める施策を成功させるには、もう一つカギがあるの」

「何だろう」と牧村がつぶやく。

三人から答えが出そうもない様子を見極めて、ママは言った。

「それはね、そういった施策を具体的に考え、運用する担当者よ」

「なるほど、そうですね」と高野はすぐに理解したようだった。

「担当者も本気の人でないとダメなのよ。実際に施策を具体化したり、オペレーションをするのは社長ではなくて、運用担当者ですものね。

だから、『個人間のつながり力』を高めたい、そこをなんとかしたいって、問題意識を持っていたり、それを解決する施策をあれこれ考えるのが好きな人、そして、それで従業員の顔が輝くのを見るのが好きな人、そういう人を担当者に任用してやってもらうようにしないと、結局良いものができないのよ。

それを、人を慎重に選ばないでこうした施策の担当をやらせている会社は、だいたいうまくいっていないことが、お客さんの話からよくわかるわ。例えば、こういうことをやるのはうちの会社では総務だから、総務部のほうでやってくれというような会社。

たまたま、その総務部の人が『個人間のつながり力』に関して問題意識の高い人だったらいいわ。だけどそうではなくて、あまり興味がないのに経営者から言われたからとりあえず形だけ作るみたいな感じだったら、実際には仏作って魂《たましい》入れずになっちゃうの。

例えば社内イベントでも、年間行事をこなすみたいに、単なる作業として取り組んだら、マンネリも起こすだろうし、何よりも気持ちが従業員に伝わってこないわよね。

中には、面倒を起こして欲しくないから、イベントだとか制度とかに、いろいろな規制を設けて、つまらないほう、つまらないほうにもっていく、そういう担当者の人もいるって話も聞くわよ」

「うちの担当者は、今ママが話したタイプのほうだな」と佐藤がつぶやく。

「うちの会社は、担当者が逆にガチですね。こういう施策を考えたり、実行するのに命をかけています、みたいな熱い人たちがやっていますね。この前だって、社内コンベンションの表彰について、改めてきちんと説明があったもん」と牧村。

「どんな説明？」と高野が尋ねた。

「表彰式での成績優秀者は、業績だけでは選ばないと言ってたのよ。きっちりと日頃の行動を見て、ちゃんとチームプレイができているかとか、いろんな人に惜しむことなく協力しているかとか、態度や言葉が周りの人を不快な気分にさせていないかとか、そういうところも含めて選ぶからと言っていたの」

「どうして、そうやって選ぶって言っていた？」と今度は佐藤が尋ねた。

「そうしないと、業績はいいかもしれないけれど、今言ったような日頃の行動がダメな人が表彰されると、なんであいつがと、みんなしらけちゃうからだと言っていました。何だ、業績さえあげればいいんだと、間違えたメッセージを社員全体に伝えることになるからだそうです。

だから、自分は業績は明らかにいいはずなのに表彰されなかった、という人は、今言ったことをよくよく考えて反省してみてください、もし疑問があってフィードバックを聞きたければ、私たちのところに来てくださいって、きちんと説明がありました。これってすごくないですか？」

「いや、すごいすごい」と佐藤は本気で感心した。

「そうですよね。すごくガチで、自分たちで自分たちの会社をどうすべきかってことを真剣に考えていますよね」

話しているうちに、牧村はだんだんと自分の会社が誇らしく思えてきた。もちろん完璧ではない。でも、確かにいい会社なんだ。こんな会社からリーダーを任せてみたいと言われているのだから、頭からネガティブに反応するのではなく、むしろ感謝して検討してみるべきだった。と、今となっては反省するばかりだった。

「牧村さん、いいお話ありがとう」。ママが牧村に向かってお礼を伝えると、牧村は少し照れくさそうにして、ワインに口をつけた。

「そうなの、今の牧村さんの話のように、担当者もすごく大切なの」と、ママは改めて強調してから、「でもね……」と言って、一呼吸おいてから話を続けた。

「でも、結局その担当者を任命するのは経営者なの」

「確かにそうですね」と高野が神妙な面持ちになった。

「でも、経営者がすべてということになると、俺たち手が出せないじゃない、ママ。経営者がダメだったら、組織力向上の変数である『個人間のつながり力』を高めるために、俺たち何もできないの？　何もすることがないの？」

佐藤は一瞬自分たち管理職が空しい存在であるように感じ、少し声が大きくなった。

「そうじゃないのよ、佐藤さん」とママは幼子《おさなご》をあやす母のような顔で佐藤に向かって言った。

「さっきから出てきている社内イベントだとか、運動会だとか、サンキューカードだとかいった施策や制度というのは、『個人間のつながり力』を高めるための、あくまでも補助的なものに過ぎないの」

「補助的なものに過ぎない？」

佐藤はさらにママの話の続きを聞くために、先ほどよりも身を乗り出してきた。

「そうよ。**本当の『つながり力』は、イベントや制度ではなく、日常の中で作られるの**」

「あっ」と言って、高野は何かに気づいたようだが、そのまま口を閉じてママの話を聞くことにしたようだった。

「本当のつながりは日常の中で作られるのよ。それはイベントや制度の中ではない。だからこそ、日常の現場で何が行われるか、それが一番大切なの。

それでは、ここで質問。日常の、一つひとつの現場。その経営者は誰なの？」

ママの言わんとすることを一瞬のうちに察した高野が、すぐさま答えた。

「それは現場のリーダーです」

「なるほど、そういうことか」と佐藤が唸《うな》った。

「またまた正解ね、高野さん。その通りよ。**一つひとつの現場。その経営者は、その現場のリーダーよ。**ここがものすごく大切なの。

皆さんたちリーダーは、会社の経営者ではないかもしれないけれど、現場の経営者なのよ。だから、皆さんたちリーダーこそ、**現場という日常の中で、社員同士の本当のつながりを作るといった、一番大きな役割を担うことができるの。**ここが欠けていたら、どんな に立派な施策や制度があっても、決してうまくいかない。逆に言うと、会社の施策や制度に頼ることができなくても、自分たちの手で、『個人間のつながり力』を高めることはできる、ってことなの」

「**管理職たるリーダー、その一人ひとりの意識と行動が職場を変える、**ってことですね」

「今度もうまくまとめたな」と、佐藤が高野にまた感心した。

第7章

コミュニケーションの本当の定義

いくつかおつまみが出てきたので、それをそれぞれが自分の小皿にとりわけた。それをほおばりつつ、ワインを飲みながら語り続ける。

「そうしたら、そのために俺たちはどうしたらいいのかな」と、佐藤がママに尋ねた。

「『個人間のつながり力』と言うけれど、まずは、リーダー自身がメンバーとの間で、本当につながった関係にならないといけないわよね。自分のことは棚にあげてメンバーにだけ、『君たち、もっとお互いにつながって仕事をするようにしたまえ』と言ったところで、何の問題解決にもならないわよね」

ママの回答は、気持ちがいいほどキッパリしている。

「耳が痛いなあ。俺は、自分のことは棚にあげておきながら、そんな指示だか愚痴だか区別がつかないようなことばっかり、部下に対して口走っていたわ。でも、確かに、それで事態が変わったためしはない」

佐藤の内省に、高野も「いや、自分もですよ」と言わんばかりに、強くうなずく。

「それじゃあママ、リーダー自身がメンバーとの間で本当につながった関係をつくるうえで、一番大切なことって何かな」と、佐藤は質問を重ねた。

「『つながり力』の基本であり、かつ、すべての要素の中で一番大切でもあるもの。それは、『コミュニケーション』ね」

何か思いもよらぬ答えが出てくるのを期待していたせいか、佐藤はママの「コミュニケーション」という回答に、少し肩すかしを食らった気がした。

「コミュニケーションか。わかるんだけど、会社の研修の先生も同じことを言うんだよね。コミュニケーションが大切ですよって。それはそうなんだけど、一応俺も、部下とのコミュニケーションは以前に比べると、とっているんだよな。だからそう言われてもなあ、というのが本音のところではあるんだよ。そりゃ、今に満足せず、もっととらないといけないとは思っているけど、でもどうすりゃいいのよと思う部分もある」

佐藤の反論に、しかし、ニコニコとしてママは聞いている。

「そうよね。ここに来られるお客さんも、よく同じようなことをおっしゃっているわ。コミュニケーション、コミュニケーションって会社が言うから、少しは意識して前よりもとるようにしてるけれど、でも、あんまり事態が変わった気がしないんだよなあ、なんて」

「そうそう、そうなんだよ、ママ」。自分だけではない、ということに安心したようで、佐藤は、少し気が楽になった。しかし、そこへママが佐藤に質問をしてきた。

「では佐藤さん。佐藤さんのコミュニケーションの定義って何かしら」

「コミュニケーションの定義？　あ〜、これも研修で何回も言われたなあ。コミュニケーションとは、一方通行ではなく双方向で行われる会話のことです、この双方向というところが大切です、とね。これが定義かな」

「なるほど」と言ってから、矢継ぎ早にママは佐藤に次の質問をした。

「では、佐藤さんが双方向でとっているというコミュニケーションって、どういう類の内容なのかしら」

　こう問われて佐藤は、日頃の自分を思い返してみた。

「そうだなあ、例えば、部下の目標の話とか、部下の仕事の進捗《しんちょく》管理の話とか、業務指示とか。まあ、そういったことは、以前のようにメールでポンでは済まさずに、直接部下とコミュニケーションするようにしているかなあ。それから、まあ、冗談とか雑談とか。

これも以前に比べると、少しは意識してするようになったかなあ」

佐藤を見つめて、ママは「素晴らしいわ、佐藤さん」と言った。

「そお?」ママに褒められて、佐藤は気分が良くなった。

「素晴らしい。でも、惜しい。七〇点」

褒められたものの、しかしそれではまだ七〇点というママのフィードバックを受けて、佐藤は、ガクッというポーズをとって見せた。

「また七〇点かあ。もう少しいいかもなあ、と思ったけど、まだダメなんだあ」

それを聞いていた高野が腕を組み、少し考えてからママに尋ねた。

「残り三〇点って、何が足りないんですかね。佐藤さん、前回自分を卑下していましたけど、話を伺うと、けっこう努力されているじゃないですか。でも、七〇点だとしたら、どんなことが一〇〇点に近づくために大切になるのかなって。ぜひ、それを教えていただけないでしょうか」

「そうね」と言ってから、ママは話を始めた。

「あっ、でも言っておくけど、佐藤さんは、本当によく頑張っていらっしゃると思うわ。**コミュニケーションが大切って言われても、その場はわかったつもりになるだけで、実際には行動を変えない人のほうが多い**でしょう。それを、少しでも変えようと、実際に意識してやるようにしているんですもの。それは本当に素敵」

素敵と、ママに褒められて、佐藤は鼻を膨《ふく》らませた。

「でも確かに、コミュニケーションって言葉がここ最近よく言われるようになって、ちょっと食傷気味と感じる人も増えていると思うの。またコミュニケーションの話か、それだったら、わかっているよ。ちょっとは前よりもやるようにしているよ、って言う人ね。

でもね、お客さんを見ていると、よくわかることがあるの。本当にチームの心を一つにして、全員の力で圧倒的に高い成果を出している人と、そうでない人とでは、同じコミュニケーションという言葉を使っていても、全然定義が違うんだなって。

もちろん、そういう人が『私はコミュニケーションをこう定義しています』なんて言っているわけじゃあないわよ。だけど、本当に心が一つになっているチームをつくり出している方のお話を伺っていると、『ああ、この人は、心の中で、コミュニケーションをこう定義して活動されているんだなあ』という定義が見えてくるの」

「どんな定義ですか」と高野が真剣な顔つきでママに訊いた。

「それはね」

三人ともママから次に出てくる言葉を、グッと身を乗り出して聞く姿勢をとった。

「本当に心が一つになっているチームをつくり出している方たちはね、

コミュニケーションとは、『人と人との、心と心を結びつける行動』

そう定義をして活動している人たちのように、見受けられるの。

そういう人たちはね、『コミュニケーションというのは、心と心が結びついてなんぼのものだ。そうなって初めてコミュニケーションをとっていると言えるんだ。そうなっていなければ、まだ自分はコミュニケーションができていないということなんだ』。そうコミュニケーションというものをとらえていて、今、目の前の相手と心と心が結びつくためには、どうしたらいいか、そのとき必要な言葉や行動を、頭をフル稼働させて真剣に考えることを自分に課して、実行しているの」

三人ともママの話を聞いてしばらく黙ったままになった。

「教科書や辞書の定義と、全然違いますね」

高野が沈黙を破るひとことを発した。

「全然違うな。双方向で話をしていればいいってもんじゃないんだ」

佐藤が続いた。

そうなのよという目でママは佐藤を見た。

「コミュニケーションならとっているよ、という上司は多いと思うの。例えば、部署の目標に関して部下とコミュニケーションをとりましたかって訊くと、たいていの上司は、とりましたとこたえると思うのね。でもね、**コミュニケーションの定義を浅いレベルでとらえている人が実際にやっていることは、期初に伝えましたとか、それを紙に書いて可視化して貼ってありますとか、そういうところで止《とど》まっている**と思うのね。何ヵ月かたってから部下に訊くと、その目標が何だったのか、もう忘れていたり、貼ってあるだけで誰もそれを見ていないなんてことは、ざらにあるんじゃないかしら」

「あります、あります！」と牧村が反応した。

「部署の目標が何だったのかって、最初聞いたときは覚えていても、時間がたつと忘れていることとありますよ。

そういうやり取りで決まった目標って、自分の目標だって忘れてしまうことがあるくらいですから。机の中にしまってあって、それで評価のときに久しぶりに取り出して、『ああ、そう言えばこんな目標だったなあ』なんて思い出すくらいです。で、つじつま合わせするように目標シートを埋める、なんていうことも相手の上司によっては無きにしも非《あら》ず、ですね」

ママは、牧村の顔を見てニッコリして言った。

「その上司の方も、自分は『確かに、話はした、話は聞いた』と言うでしょうね。でも、それは本来の意味でのコミュニケーションではないと思うの。単に『トーク』した、『ヒア』したということだと思うの」

「なるほど、同じ、『話した』『聞いた』でも、そういうのはコミュニケーションではなく、単なる『トーク』アンド『ヒア』か」

高野が納得するかのようにつぶやいた。

一呼吸おいて、ママが続けた。

「そう。コミュニケーションの本質的な定義は、『人と人との心と心を結びつける行動』なのよ。だから、そういうレベルでコミュニケーションを定義している人は、例えば部署の目標一つとっても行動が違うの。そういう人は、期初に話をしても、これではまだ目標を柱に自分やみんなの心と心が結びついていないなと感じれば、それで終わらないの。どうすれば結びつきが実現できるだろうと考えて、その後も、ことあるごとに部署の目標の話をしたり、部下の仕事の一つひとつの結果やプロセスを部署の目標に結びつけて説明をしたり評価をしたり。その目標を柱に自分やみんなの心と心が結びつくまで、二の矢、三の矢と次々と手を打つの。

だから、同じように部署目標が貼ってあったとしても、部下の人の意識が全然異なるの。一方はコミュニケーションしましたっていう証拠として貼ってあるだけだから、見もしない。もう一方は部下の腹に落ちているので、本気でそれを目指そうと自分への誓いや戒めのような思いでそれを見るようになるの」

「耳が痛い話だなあ」と佐藤が苦笑いしながら言った。

「いやあ、でも、これは管理職の人全員が気をつけないと陥りやすい話ですから、別に佐藤さんだけが反省する話ではないですよ。僕も、浅いレベルでしかコミュニケーションを定義していなかったし、まるっきり行動ができていなかったです」と高野。

ママは佐藤のほうを向いて微笑みながら、「そうよ、別に佐藤さんに当てこすりの話をしているわけではないわよ」と、わざといたずらっぽく言った。

「実際ね、うちの店にいらっしゃる、あるお客さんの社内で、管理職に対する三六〇度評価をとったらしいの。そうしたら、上司と部下の回答ギャップがとても大きかった項目が、このコミュニケーションだったらしいの」

「へえ、そうなの」と佐藤。

「ええ。管理職の七〇%以上の人が自分は部下に対してコミュニケーションをとっていると回答したのに対して、部下は三〇%程度の人しかイエスと回答してこなかったそうよ」

「部下側は、上司のコミュニケーションに大いに不満を持っているということですね」と高野が口を差し挟む。

「そういうことね。**部下の人は上司の人に対してもっとコミュニケーションを期待している。それは量的なことだけでなく、質的なことも含めて**」とママ。

「そのギャップを埋めるカギであり、部下から求められていることが、もっとお互いの心と心が結びつくようなコミュニケーションということか」

佐藤は得心したかのように、うなずきながら独りごちた。

すると、しばらく口をつぐんで話を聞いていた牧村がママに尋ねた。

「ママ。『人と人との、心と心を結びつける行動』って、具体的にどうしたらいいのかしら。私、たいした人間でもないし、ましてや仏様のような人間でもないので、そんなこと、私にできるかしら」

いつも通りニッコリして、「その質問を待っていたのよ」と言わんばかりに、ママは牧村の問いに答えた。

「その答えが、皆さんがやってきた宿題にあると思うの」

「あっ」。勘がいい高野が、真っ先に反応した。

「ついていきたいリーダーがどんな人だったのか。どんなときに何を言ってくれたり、やってくれた人なのか、ということを共有すれば、おのずと、『人と人との、心と心を結びつける行動』の具体的なイメージがわくっていうことですね」

ママは笑顔でうなずきながらこたえた。

「その通りね。そして、もう一つの宿題、されて嫌だったことも共有すれば、その逆、つまり心と心を離れさせてしまうコミュニケーションも見えてくるわ」

「そうかあ、またここで話がつながってきたわけだ」と佐藤。

「面白そう。じゃあ、さっそく、今から宿題の発表会をやりましょうよ」

牧村の言葉で、それぞれの具体例を順番に話すことにした。

第8章 ついていきたくない上司

「じゃあ、最初はどっちからいこうか。ついていきたくなるほうか、ついていきたくないほうか」。佐藤が皆に尋ねた。

「う〜ん、どっちがいいかなあ」と牧村。

「先にポジティブな話をして、ネガティブで終えるのは、何か気分的にも盛り上がらない可能性があるから、最初ネガティブ、あとでポジティブのほうがいいんじゃないですかね」と高野が提案した。

「そうだな。俺も個人的なことで恐縮だけど、自分が今まで決していい管理職ではなかったから、反省すべき材料を先に聞いておきたいなあと思うので、されて嫌だった体験から言ってもらったほうがいいかな」

高野と佐藤の提案に対して、牧村も特に反対する理由はなかったので、ネガティブ体験から共有は始まった。

「じゃあみんな、こんなリーダーにはついていきたくないって思ったのは、どんな経験したとき？　こんなことを言われたから、あるいは、こんなことをされたから、やる気がなくなったとか、気持ちがへこんだとか」

佐藤の投げかけに対し、最初に口火を切ったのは高野だった。

「僕がされて本当に腹が立ったのは、『**梯子外し**《はしご》』ですね」

「梯子外し？」牧村がオウム返しで尋ねた。

「そう。梯子外し。平社員だったときの話なんですけどね。当時の課長と事前にすり合わせて、課長も『うん、これでいいんじゃない』って言っていた提案があったんですよ。ところがその提案を部長会議にかけたときに、それが部長に否定され始めると、課長が急に手のひらを返して、『やっぱり、そこが課題ですよね』なんて部長に同調し始めて、僕の提案を否定、攻撃してきたんです」

「ひどい！」

「でしょ。最初訳がわからなくて。途中でようやく、登っていた梯子を外されるって、このことかって。本当に、その課長のことを恨みましたよ」

「忍法梯子外しの術！　高野さんも、その目にあった口か」

「というと、佐藤さんも？」

「嫌というほど（笑）。梯子外しには、高野さんがやられたことの他にもいろいろなパターンがあるよな。例えば会議で、こっちの形勢が悪くなって責められモードになってきた瞬間、リーダーが『俺は何も知らん』とばかりに地蔵のように固まったりするパターンね。質問に一切反応しないで、相手方の攻撃を百パーセント全部俺が受ける目にあったことがあるけど、これも一種の梯子外しだよなあ。

　ひどかったなあ、あのときは。まあ、俺もたくさん嫌な上司にあってきたけど、梯子外しする上司には一発で、絶対についていきたくないと思うよ」

「ホント、そうですよね」と牧村も強く同意する。

「あとですね、これも本当に腹が立ったことなんですけど、言っていいですか」

「梯子外し」が皆に深く賛同され、高野のボルテージはいつの間にかあがっていた。

「**『失敗は部下のせいにする』**ってやつですね」

「おっ、また、きつそうなのがきたね。で、どんな話？」と佐藤。

「はい。これはですね、全社の方針だからということで、僕が半ば強引に担当させられた案件の話です。僕としては、本当にこの方法でいい方向にたどりつくのかなという疑問があったので、そのことを何回も上司に訴えていたんです。でも、その上司がいつも『いや、これはもうこれでやると決まったので、黙ってやってくれ。何かあったら私のほうで対処するから、とにかくやってくれ』と言うばかりだったんで、まあ、そこまで言うならということで、担当者として粛々《しゅくしゅく》と取り組みました。

関係部署が多くて、けっこう大変な仕事だったんですが、一年間くらい集中して取り組んだんですよ。それで形にはなったんですが、運用を始めると予想通りというか、あまり良い結果が出ないんですね。運用上のトラブルもなかなか消えなくて。まあ、こうなる可能性が高いと思っていたから、最初から疑問を上司に投げかけていたんですけどね。

ところが、ある日その上司に呼ばれて、突然『君のやったことは大失敗だよ。この責任を君はどうとるつもりなんだ』と言われたんです。まったくもって『はあ?』ですよ。途中も、何回も課題について話をしたし、その都度《つど》、いいからやってくれと言ったのはあなたですよね、と口から出かかりました。

あとからわかったのですが、何かあったら対処すると言っておきながら、僕が話した課題点や疑念は、その上司、一切上には話をしていなかったらしくて、全部僕の責任でやったということで処理されていたそうなんです。ホント、どんな対処だよ！　と思いました。あのときはマジで、上司に対する殺意を感じましたね」

「高野さんの体験は、半端ないなあ」と佐藤は深く同情を示した。

「そういう人って、あれですよね、成功したら手柄を自分のものにするんですよね」。牧村も腹立たしげだ。

「うん、まあでも、程度の差こそあれ、**『成功は自分のもの、失敗は部下のせい』にするっていう上司は、けっこう存在する**よなあ。自分も気をつけないとな」と佐藤。

「ホントそうですね。こういう上司には、ついていきたくないどころか、二度とつきあいたくないですよね」。高野はしみじみと語った。

「賢介から重たい話が続いたので、ちょっと話を変えて、今度は私の話をしてもいいですか」。牧村が雰囲気を変えるように明るく言った。

「もちろん」と皆うなずく。

「私が嫌なのは、**『箸の上げ下ろし』**にまで口を出してくる人。何をするにも、もう、本当に細かいの。書類一つとっても、いちいち細かいところをあーだこーだ言ってくるし。何かやろうとすると、それもまた、あーだこーだ言ってくるし。あー、もー、だったら自分でやってくださいよ、って言いたくなる人ですね」

「わかる。いるよね、そういう人」と高野。

「いるでしょ。それで、その指示や意見が、こっちも勉強になるような人だったらいいですよ。だけど、だいたいが箸の上げ下ろしまで指示してくる人に限って、そんなことどうでもいいよ、どっちでもいいよ、というようなことばかり言ってくる」

「本人だけの意味不明なこだわり、ってやつだよね」

「そうそう。ホント、こだわっているのは本人だけっていう意味不明な指摘。あとね、**上司面《づら》したいだけのために、部下の仕事にいちいちダメ出ししてくる人もいる**じゃない」

「いるねえ」

「否定のための否定。そのせいで、資料をつくり直したり、やり直したり、本当に時間の無駄。それでも言う通りにしないと通らないから、仕方なく、その指摘の通りにする。別に上司の顔を見て仕事をしているつもりはないけど、面倒くさいから、そうしているだけ。そういう上司についちゃうと、めちゃくちゃモチベーションと生産性が落ちるわ」

「あ、イテテテテテ」。突然佐藤が耳を押さえながらうずくまる格好をした。

「どうしたんですか、佐藤さん」と牧村が少しビックリした顔をして尋ねた。

「いやあ、牧村さんの話が、俺には耳が痛すぎて」

「えっ、そんな耳が痛い話でしたか？」

「いやあ、マジ。ここ、本当に俺が管理職として気をつけなくてはいけないところだわ。

若い頃は、性格的にはそうでもなかったんだけどね。管理職になってから、だんだんこの傾向が強くなっている気がして。あ〜、でも、こんなふうに受け取られているんだから、やっぱりなんとか自分を変えないとなあ」

「大丈夫ですよ、佐藤さんなら」と牧村が佐藤の肩をなでた。

「励ましてくれてありがとう。頑張るわ、俺」と言って、ワインを一口飲んだ。

「励まされついでに、じゃあ、今度は俺が話をするか」と佐藤が自分の話を始めた。

「俺の場合は、けっこう単純なことなんだけど、若い頃、『忙しいから』と言って、何回もその上司とのアポイントメントを変えられたってことがあって、あ〜この人にはついていきたくないなあって思ったね」

「それは、どういうところから、そういう気持ちになったんですか？」高野が訊く。

「そうだね、つまり『あっ、この人、俺に対して全然興味や関心がないんだなあ』ってことだね。結局、こっちは相談があるっていうのにアポを何回も変えるってことは、俺は、その上司にその程度にしか思われていないってことだからね。**自分に興味や関心を持ってくれていない上司には、こっちだって興味や関心を持ちたいとは思わなくなる**よね」

「そういう気持ちわかります。私なんかだと、上司に相談をしに行ったときに、ずっとパソコンの画面を見ながら話をされると、そんな気持ちになります。『あ〜、この上司、私にあんまり関心がないんだ』と思います。本人は聞いているつもりかもしれないけれど、こちらとしては、きちんと聞いてくれない、向き合ってくれないって気持ちになっちゃいますよね。

でも、私思うんですけど、人って意外とそういう何気ないところで、その人の本質が見えてしまって、その人への評価が決まるところってありますよね」

「美香、いいこと言うね。そうなんだよね、ホント、人ってそういうところあるよね。僕なんかだと、こちらが忙しくて手が離せないような状況のときに、暇そうにやってきて、のんびり世間話や雑談なんかのどうでもいい話をしてくる人、こういう人にプチ腹立つね。特にそれが上司だったりすると、部下が真面目に仕事やっているんだから、あなたもちょっとは手を動かせよって、言いたくなるよね」

「そういう人もいるよね。あと、うちの会社にいるのは、席に座りながら『俺に近づくな』『私に近づかないで』オーラを出している人」

「あっ、いるいる。ちょっと相談したいなと思うんだけど、何か近づくなオーラをすごい出していて、声をかけにくい感じの人」

「それとね、前の会社のときにいたんだけど、毎朝、こちらが『おはようございます』って挨拶しているのに、返事をしない上司。声があったとしても、面倒くさそうに『うっ』

とか『おっ』とかだけ。あなたはオットセイか、っていう人」

「**挨拶ってけっこう大事だよね。ふだん挨拶してもまともに返してこないような人に、何か協力しようとか思わなくなる**しね。これが上司なんかだと、相談したいと思っても、挨拶もまともに返してくれないと、正直相談しに行きにくくなるよね」

「そういう人に限って、何かあったときに、どうしてもっと早く報告、連絡、相談しにきてくれなかったんだって言わない?」

「言う言う。そういう人には、『いや、**伝えたいと思っても、そもそも、あなたが相談しに行きづらい空気をつくっている**からですよ』と言いたくなるよな」

この後も、高野と牧村の話は盛り上がり、そこに佐藤も随時参戦し、ついていきたくない上司の言動に関して、実際の体験談を交えたいろいろな特徴が出そろった。

ひとしきりみんなの話が出尽くしたところで、高野が提案した。

「いろんな話が出てきたので、いったいどんなことがあると、人はこういうリーダーにはついていきたくなくなるのかを書き出してみませんか」

「いいねえ」と佐藤が同意すると、ママが店の奥から何やら引っ張り出してきた。

「これ、去年のカレンダーの残りなんだけど、この裏の白いところを使って、みんなで見られるように書き出したらどうかと思ったのよ」

即席のホワイトボード代わりだった。

「じゃあ、僕が書きましょうか」と高野が言い、話の中でいろいろ出てきたことを、それぞれが順不同で口にして、高野がそれを書き付けた。

ついていきたくないリーダーの言動

1梯子を外す
2失敗は部下のせいにする（成功したときは自分の手柄にする）
3上司面を保つための「否定のための否定」
4自分の意見・考えを押しつける
5話を聴かない
6仕事の「箸の上げ下ろし」にまで口を出す
7前例を重要視して新しい試みに否定的、非積極的
8任せきらない（最後は上司がやってしまう）
9任せたという名の放置
10メールで送信するだけの指示

11部下に心からの興味、関心がない（ＰＣを見ながら会話、部下とのアポをコロコロ変える等の行動にも表れる）
12判断をいちいち上に仰がないと決められない、動かない
13上の意見で方針がコロコロ変わる
14仕事の理由、説明が不十分
15日頃、挨拶をきちんとしない、返さない
16すぐに怒ったり、キレたり、感情的になる
17何かと説教、詰問モード
18近づくなオーラを出していて、話しづらい
19余計なひと言でやる気を失わせる
20頑張っても認めてくれない、評価してくれない

「けっこう出てきましたね」と書き付けた紙を見ながら、牧村が言った。

「全部で二〇か。三人でちょっとやっただけで、これだけ出てきたか」

「もちろん、まだあると思いますけどね。でも、まあ、いったんここまでにしておきましょうか」

「そうだな。おっし。じゃあ、今度はテーマを変えて、いよいよ『ついていきたくなる』リーダーについて、みんなの宿題を発表しあおうか」

第9章

ついていきたい上司

「それでは、また僕から始めましょうか」と高野が口火を切った。

「僕が、入社四年目に本社の営業部に異動したばかりのときの話です。それまで入社以来店舗側の仕事をしてきたので、本社は初めての経験で修業中の身でした。ある日、初めて取引先様の会社に行くことになり、とても緊張していました。ぎこちない挨拶を済ませたのですが、そのとき突然、上司の北川さんという人が、『彼が今度異動してきた高野です。うちの部のホープなので、よろしくお願いいたします』と取引先様に対して僕を紹介してくれました。ビックリしました。ちょっと、ちょっと何を言っているの。ホープどころかど素人なのに……と思いましたよ。やめてくれ～って。でも、そうやって期待をしてくれているっていうことが、すごく嬉しく感じました」

「素敵な上司ね」とにこやかにママが言った。

「はい。しかも、それだけではなくて、一人で他の会社に行ったときも、取引先様から『北川さんのところのホープなんだって。北川さんから聞いているよ。これから先頼みますね』って言われて。あ〜、北川さん、僕のいないところでも言ってくれているんだって、本当に嬉しくなった。だからなんとか北川さんの期待にこたえたいと思って頑張りました。あのときがあったから、その後の営業成績や、今の自分があると本当に思います。小さなことかもしれませんが、これが僕の『してもらって嬉しかった』体験です」

「なるほどなあ。ついつい、俺たちは逆をやってしまいがちだからなあ」と佐藤が言うと、すかさず牧村が「逆って、何ですか？」と尋ねた。

「こうした未経験者や新人を社外の人に紹介するとき、『経験の浅いひよっこですが』なんて、日本的な謙遜の意味もあるけれど、軽く若い人を否定したり、あるいは『まだまだ不慣れなところが多いかもしれませんが』なんてエクスキューズを入れるのが常だったりするわけよ」

「でも、言われるほうからすると、**否定よりも期待の言葉を言ってもらったほうが、心の火はつきやすい**ということね」とママがまとめると、皆一様にうんうんとうなずいた。

「まだ他にもポジティブな体験談がありますが、どうしましょう」と高野が佐藤に尋ねた。

「そうだな。じゃあ、まずは一人一つずつ、交代で話をしていこうか」と佐藤がこたえると、「じゃあ次は私が」と牧村が手をあげた。

「私は、最初に入った会社の新人時代の話なんですけど……」と始めると、佐藤が「さっきも訊こうと思ったけど、牧村さん、転職経験者なの？」と突っ込んだ。

「あっ、はい。じつは私、五年前に今の会社に転職しているんですね。今の会社が二社目です。それで、その最初の会社に入って、仕事についたとき、ワクワクというよりも、すごく不安で仕方がなかったんです。やっていけるのかって。周りの子たちも、新人研修が終わって配属されてしばらくしたら放置されたりして、けっこうメンタルやられちゃった子も多くて。でも、私の場合は運が良くて、私より三つ上の先輩が、よく話しかけてくれたんです」

「例えば、どう話しかけてくれたの？」と高野。

「例えば……そうねえ。『何か困っていることはない？』とか。『何かあったらいつでも言ってきて』とか。実際にはいざ仕事をやってみると、そんなにいつも何でも相談するようなことはなかったんだけど、そうやって**ふだん声掛けをしてもらっていたから、本当に相**

談したいと思ったときに話しかけやすくて」

「その話、美香から初めて聞いた。そうだったんだ、新人の頃、そんないい先輩に出会ったんだね」

「うん。その先輩が本当にすごかったのは、そうやって言うだけでなくて、**相談したときは、どんなことだって『話を受け流さない』**人だったってことね」

「なるほど」。高野がうなずく。

「それで結局、何か仕事以外の恋バナとか、ふられたとかくだらないこととかも相談しちゃったりして（笑）。でも、私が新入社員時代にいいスタートが切れたのは、絶対にその先輩のおかげ。ちゃんと私の**不安に寄り添ってくれる**、そんな姿勢がいつもあったおかげで、順調にやってこれた」

「高野さんの話とはタイプが違うけれど、これもまた素敵な話ね」とママが感想を口にした。

「そうだなあ、考えてみれば大切なことなのに、これもまた逆をやっている感じするなあ」と佐藤が自虐的に言った。

「部下が真剣に悩んでいたとしても『自己責任だ』って体《てい》のいい言葉で放置してしまったりさ。あるいは、そんなちょっとしたことくらいで悩んで立ち止まってしまうなんて、だから今どきの若い奴らは……なんて非難めいたことを言ってしまったり」

「僕も含めてみんな反省ですね」と高野。

「反省だな」と佐藤。

少し、しんとしたところで、次は、と佐藤が自分の話を始めた。

「俺の話は、海外勤務していたときの話だな」

「へえ佐藤さん、海外勤務経験者ですか」と牧村が目を丸くした。

照れ笑いしながら佐藤は、「そんなふうに絶対に見えないだろうけどね」と言った。

「まあ、一応そうなんだよ。三〇代前半の頃だったかな。タイに赴任していたことがあるんだ。日本人は俺一人。そのとき、現地の市場調査をしていたら、日本では売れているのに、タイには置いていない商品があったんだ。それで、タイで一番最初にうちの会社でやれば売れるんじゃないかって思った。でも、失敗したらどうしようかと思ったらなかなか行動には移せなかった。それが、ずっと心に引っかかっていた」

佐藤はここで少しワインを飲んで、口を湿らせた。

「あるとき、日本の海外事業部責任者の若松さんという人がタイに来たんだ。それで、それとなく相談してみたんだ、どうしたらいいかって。そうしたら、思い切ってやってみろよ、と言われて」

「なるほど」と高野。

「若松さんいわく、『自分がやったらいいと思うことだったら思い切ってやってみなよ。海外に来て一年目に思い切ったことをやらなかったら、この先もずっとやらないよ、そういう仕事の仕方になるよ、何のためにここに来たのかわからないことになるよ。それにやってみないと、本当に売れるのかダメなのかの検証もできない。本部の商品部との交渉でノーと言われないかって？　そんなのに負ける程度の本気さだったら最初からやらないほうがいい。でも、本気で売れると思っているんでしょ。だったら、ぶつかっていく覚悟でやればいいんだよ』って」

「それでどうしたんですか」と再び高野。

「いや、本当に体に電気が走る感じだった。めちゃくちゃ**背中を押された**感じで、日本の商品部に即提案したよ。もちろん最初は実績がない、他社もやっていないし前例がないと言って渋っていたんだけれど、お客さんの声もたくさん拾って、事実を集めてしつこく提案し続けたら、そこまで言うんだったらということでやらせてくれた」

「結果は？」高野と牧村が同時に質問を発した。

「本部から仕入れた分が計画よりもうんと早い、一ヵ月足らずで完売。しかも追加注文を待っている状態になった。つまり大成功。あのときの達成感は忘れられないよ」

「佐藤さんの話も素敵。皆さんのお話、全部、学びになるわ」とママ。

佐藤がしみじみと言った。

「今話しながら、その学びを自分が管理職になってから十分活かしきれていないことに気づいたよ。だって、そんな貴重な経験をさせてもらってきたのに、**自分がいざ管理職になったら、失敗したくないという気持ちが先に立ってしまって、部下に思い切って仕事を任せてみようとはしていなかった。**難しいところがあれば、全部自分が引き受けてやってしまっていた。部下には任せられないという言葉で、結局、仕事の美味しいところ、成長体験につながるところを全部自分が奪ってしまっていたんじゃないかとね。何か、めちゃくちゃ反省することばかりだよ」

「そういう勉強をするために、こういう会を開いたのだから、さっそく実りがあったっていうことで、とてもいいことじゃないですか？　私、そう思います」と牧村が明るい調子で言った。

「その通りだね」と佐藤が自己反省の厳しい表情を緩めて言うと、皆にこやかに「そうですよ、そうですよ」と口々に言った。

「海外つながり、っていうことで、また僕の経験を話してもいいですか」と高野が手をあげると、「オッケー。どんどん行こう」と佐藤が話を促した。

「僕はほんの短い期間、半年くらいですけど、中国の店舗に勤務したことがあって、そのときの店長の話です。店長は日本人で、日本ではうまくやっていた人なんです。しかし、中国では勝手も違ってなかなかうまくいかなくて。全然成果が出なくて、店の雰囲気も日に日に悪くなっていくのが手に取るようにわかる感じでした。同じ日本人同士、なんとか支えられないかと思っていたのですが、僕もまだぺーぺーで何の役にも立てず、悔しい思いをしていました。

ところが、ある日の朝礼のときでした。いつも通り店舗の現状の話があったのですが、そこから先がこの日は違っていました。店長がホワイトボードの前に立って、ひとこと言ったのです。

『僕の悪いところを全部この場で言って欲しい』

最初はスタッフ全員、何が始まったのかわかりませんでした。しかし店長は続けてこう言ったのです。

『僕は本当にこの店を良くしたいと思っている。本当にみんなにもっといい状態で働いて欲しいと思っている。だけど、現状は全然できていない。だから、僕は自分の悪いところを全部知って全部変えていきたいと思う。だから、スタッフの皆さんに僕の悪いところを全部教えてもらいたい』

店長の悪いところを、本人を目の前にして言うのは、こちらも勇気がいります。ですから最初は皆、黙っていました。でも、店長が真剣なんだということが伝わると、一人のスタッフが改善点を指摘しました。それを店長はホワイトボードに書き付けました。一つ出ると、あとはけっこう続くものです。次から次へとスタッフから意見があがり、それを全部店長はホワイトボードに書きました。

全部出尽くすと、店長はみんなに頭を下げて『ありがとう』と言いました。そしてホワイトボードを指さしながら話を続けました。

『僕は自分を変えて、ここに書いたものは全部直していきたいと思います。もちろん、今日明日ですべてをいっぺんに変えることはできません。しかし三ヵ月。三ヵ月時間をください。三ヵ月以内には全部の項目に関して改善します。約束します』

そう言って朝礼が終わりました。実際、これは店長のパフォーマンスでも何でもなく、本当に店長は一から行動を変えていきました。そんな姿にスタッフも少しずつ心を動かされ、店長の応援をするようになったり、自分から店を良くするための提案や行動をするようになっていき、店が生まれ変わっていきました。

僕は、この店長はすごいと思いました。この店長は裏切らない、すごく誠実で信頼がおける人だと思い、本気でついていこうと考え、短い期間でしたが、全力でこの店のために働いたことが記憶にあります」

「立派な店長だなあ。**スタッフの前で自分の非を認める**って、すごいことだよ。それも実際に、具体的に行動を変えていくのだからねえ。確かについていきたくなるよなあ」と佐藤が言うと、牧村も「ホント、ちょっと感動的」と感想を述べた。

しばらくの間、目をつぶって考えに耽《ふけ》ったり、自分が用意したノートにペンを走らせたりして、それぞれがこの話の余韻を味わった。

そして頃合いを見て、牧村が明るい声で「じゃあ、今度は私が話をするわね」と言った。

「私のは、そんな感動的なことではないけれど、でも地味にこういう人がいてくれると部下としては頑張れるっていう経験の話」

「面白そうだ」と高野。

「これは、私が今の会社に転職してきたばかりの頃の話なんだけど。最初、配属されたのが、カスタマーセンターといってクレーム対応の部署。ここの仕事の難しいところは、『やってあたり前』に扱われるところなのよ。お客様からクレームがある。その問題を解決して、なんとかゼロにする。そりゃあ、ときには素晴らしい対応の結果、かえってファンになってくれるお客様がいたり、お褒めの言葉を頂ける場合もある。だけど、仕事の全量からすれば、それはほんの一部の話。ほとんどは、マイナスからゼロにするのが仕事。だから、けっこう地道にコツコツやることの多い仕事なの。社内ではよく、カスタマーセンターこそ大切だという声は聞かれても、現実は会社の中でも、日の当たりにくい職場であるといったほうが正しいと思うの。

でも、私がその部署にいた当時、リーダーのおかげで、私はけっこう仕事が楽しくできたし、その職場も好きだったの」

「どうして？」と高野。

「リーダーが常にスタッフに言ってくれた言葉が、『私は皆さんを認めている』ということだったの。

そして、『私は、地道にコツコツ仕事をすることを、高く評価します、毎日、そしてあらゆる場面で丁寧にコツコツやってくれている人をA以上の評価にします』と言ったの。そして、『もし、そういう人に対して、上のほうからB評価にしてくれと言ってきたら、私が人事にかけあいます。それで、少しでも高い評価がつくようにします。これが私の仕事だから、皆さんは自分の仕事に誇りを持ってコツコツやってください』、っていつも言ってくれたの」

「いい上司ねえ。こういう人が上司としていてくれたら、部下は頑張れちゃうわよね」と牧村の経験談に、ママも同調した。

「部下からすると、**自分たちのことをしっかり守ってくれるという安心感**が、上司としての魅力になるんだね」と言いながら、高野は持参したノートにメモをとった。

「ホント、話をしてみるといろいろ出てくるね。じゃあ、今度は俺の番でいいかな。これは、また今までとちょっと違うタイプの話になるんだけど」

そう言って、佐藤が話し始めた。

「じつは自分自身の体験ではないけれど、会社の同期から以前聞いた話で、この宿題をやるときに思い出しちゃって。それでもいいかな」

「もちろんです、どうぞ、どうぞ」と高野が促す。

「彼の親が要介護状態になってしまったんだ。でも、最初は、そのことを上司になかなか言い出せなかったらしいんだ」

「えっ、どうしてですか」と牧村。

「俺たちくらいの年齢の奴らの中には、自分のことよりも会社に迷惑をかけてはいけないと考えてしまう習性がまだあるんだ。他人からすれば、『言えばいいじゃない』と簡単に思うんだけど、当事者になると案外言い出せない、みたいなところがまだあるんだな。

でも、彼の先輩で、その親が要介護状態だったのに、それを隠して仕事も介護も頑張っていた人がいたらしいんだ。しかし、無理がたたって結局本人が倒れてしまって、会社を辞めることになってしまったそうなんだ。それを彼は見ているので、このまま言わないのはまずいとは思っていた。でも言い出しにくいなと葛藤していたそうだ。

そんな葛藤が、どこか彼の顔か様子に出ていたんだろうね。ある日、彼の上司が喫茶店でお茶でも飲もうかって誘ってきたと言うんだ。

喫茶店では、最初は仕事の話をしていたんだけれど、その話はそこそこに、顔色が最近良くないけれどどうしたんだって、その上司が心配そうに尋ねてきたんだって」

佐藤は、ここでワインをゴクリと一口飲んだ。

一同、固唾《かたず》をのんで話の展開を待った。

「それで、『じつは……』って、彼が自分の親の状態について全部話をしたそうだ」

「そうしたら?」と牧村はたまらず質問をした。

「彼の上司は、『どうして言わなかったんだ』って。でも、それ以上は叱るでもなく、どうしてあげたらいいかということを彼に尋ねたらしい。例えば勤務条件とかね。実際、喫茶店を出て会社に戻ってから、人事規則を出してきて、『大丈夫だよ、こういう感じで継続して働けるし、休暇もとれるから』なんて話をしてくれたそうなんだ」

「いい上司ですね」と高野。

「ああ、その通りだね。ただ、彼が一番気にしていたのが、自分が休んだり、今まで通りフルで働けないことで、仕事に穴をあけることだったんだ。でも、そのあたりの話をしたら、その上司は『部署のことは君が気にしなくてもいいよ。これは私の仕事として、私がなんとかするから。必要だったら人事部に言って補充してもらうから、安心して自分の親の介護に時間をとるようにしてくれ』って。それで彼の介護を本当に応援してくれたんだって」

「素晴らしいわ」と牧村。

「結局、彼の親は、その後半年ほどで亡くなってしまったそうなんだけど。でも、本当にこの上司には感謝しきれないって。どんなことがあっても、この上司にはついていきたいと思っているって、彼が語っていたことを、この宿題をやっているとき、ふと思い出して」

話し終えて佐藤は残っているワインを一口で飲み干した。

「何か、しんとしちゃったかな」と佐藤が言う。

「そんなことはないわよ。とっても素敵な話。佐藤さん、皆さん、素敵な話をありがとう。おかげで気分がとても良くなっちゃったから、私のおごりで一本ワインを開けちゃうわ。もっと飲んでいって頂戴」とママがこたえると、三人から「え〜、ママ、マジで」「いや、そんなの悪いですよ」「ありがとうございます」という言葉が口々に出た。

ママはバーテンダーに声をかけた。バーテンダーはすぐにテーブルにきて「赤にしますか、白にしますか」と三人に尋ねた。

「どうしよう」と三人は目を合わせた。

「そうね、じゃあ、ここは紅一点の牧村さんの好みで行きましょうか」とママは、牧村にワイン選びを任せた。

「ずっと、赤を飲み続けたい気もするのですが、ちょっとキリッとするのもいいと思って。ここは、冷え冷えの辛口白ワインでお願いします！」

バーテンダーは、白ワイン用のワインセラーから一本選び出して、封を切ったばかりのワインを新しいグラスに全員分注いだ。

それでは、改めて乾杯とママが発声すると、皆も続けて乾杯と言って、ワインを口にした。

「あ〜冷えてて、とても美味しい！」と牧村が言うと、佐藤も「俺はあまり白ワインは飲まないけれど、こうして気分良く飲むと美味しいね」と、ほろ酔い気味になりながら言った。

「皆さん、まだ宿題のネタがあるようだったら、この調子でどんどん続けましょうか」と高野が言うと、「まだまだ行けるから行こう」と佐藤が言い、それぞれのポジティブ体験を話し続けた。

しばらくそれぞれの話の共有が続き、一通り出終わると、高野が提案した。

「それでは、ついていきたくなるリーダーシップ体験の共有もここまでにして、これもさっきのように、出てきたことを書き出してみましょうか」

「いいよ。じゃあ、さっきみたいに、それぞれの話にタイトルというか、ひとことで言うとどんなことかをあげていきましょうか」と牧村が言い、再びエピソードの言語化ワークが始まった。

ついていきたくなるリーダーの言動

1 期待してくれる
2 必要としてくれる
3 一人前、対等に扱ってくれる
4 思いっきり任せてくれる
5 挑戦させてくれる
6 成長機会を与えてくれる

7話をしっかり聴いてくれる
8本当に困ったときに助けてくれる
9問題や失敗を背負ってくれる、フォローしてくれる
10自己を開示したオープンな姿勢
11裏切らない
12利己的でない
13言行一致で、言ったことをやっている
14物事の真善美につながる信念があってブレない
15不安に寄り添ってくれる
16支えてくれる
17守ってくれる
18(じつはよく)見てくれている
19認めてくれる、評価してくれる
20感謝してくれる

「こんな感じかな」と、書き終えた紙を眺めながら高野がつぶやいた。

「これもさっきと同じく、ちょうど二〇ね」と牧村。

「まあ、別に数をそろえようとしたわけではないので、偶然ですけれど、キリもいい数ですし、ちょうどいいんじゃないですか」と高野が言う。

「うん、いいんじゃないかな。けっこうピンとくるよ」と佐藤も納得顔をしている。

「こうやって自分たちの体験を書き出してまとめてみると、部下と心がつながるために、どういうコミュニケーションをとるべきか、逆にどういうことをしたらダメなのかが本当によくわかるわ」

「美香もそう思う？　僕も、今そう思っていて。ここまでクリアになるとは、ちょっと想像していなかったので、なんだか嬉しい気分だよ。ママは、どう思いますか？」

高野から問われて、ママはニッコリ微笑みながら答えた。

「本当に素晴らしいと思うわ。私のレクチャーなんて、もう必要ないわよ」

すると佐藤から、「いやあ、そんなことないよ。これを見て、ママがどうとらえたのか、今日、ママが考えてきてくれたであろう話と、どう結びつくのか、そこを俺たち知りたいよ」と返ってきた。

「僕もそうです」

「私もそうです」

三人からそう言われて、ママは困った顔をした。

「だって、もう皆さん、自分たちで答えを導き出されていますよ。今さら私が話をすることなんてないわよ」

そう切り返したのだが、三人とも笑顔のままママを見つめて、ママが何か話をしてくれることを無言で催促していた。

三人の顔を見回して、ママもあきらめたように言った。

「わかりました。それじゃあ、私がいろいろなお客さんとの話を通じて学んだことを整理してきたので、そのお話をするわ。でも、本当に皆さんの出した結論と一緒よ」

「それだったらそれで、私たちも自分たちが出した答えに自信が持てるので、ママぜひお願いします」と牧村が甘えた声でねだった。

「はいはい」と言って、ママは話の準備を始めた。

第10章

父性と母性のリーダーシップ

氷のたっぷり入ったワインクーラーからボトルを取り出したバーテンダーが、ママのグラスに白ワインを注ぎ、それを少しばかり口にしてからママは話を始めた。

「私はね、自分自身は無学なんだけど、この前もお話しした通り、このお店にはいろいろなお客さんが出入りしていて、お客さんの話からたくさん学ぶことがあったの。あぁ、こうしたら部下は離れていくんだな、あぁ、こうしたら部下のモチベーションはあがるんだなって。そうやってお客さんから学んでいると、リーダーがやるべき行動には二つの軸があるんだということがわかってきたの」

「二つの軸ですか。それは何と何ですか？」と高野が早くも前のめりになって質問した。

「そうね。それを今から順番に話していくわね」

そう言って、もう一度ワインを口にしてから、古いカレンダーを一枚破って、その裏に説明のための図を描きながら話をした。

まず書いたのは、一本の縦軸だった。そして上端に「父性」と書いた。

「一つ目のやるべき行動。これを『**父性のリーダーシップ**』って、私は呼んでいるんだけどね」

「父性のリーダーシップですか？」

牧村は確認とも質問ともとれる言い方で、同じ言葉を口にした。

「そう。それは『ビジョン』『戦略』『変革』『業績』、あるいは『秩序』や『規律』。こうしたものを『共有』したり、『要求』したり、『追求』したり、『実行管理』したりする行動ね」

「なるほど、確かに、何となく男性的な匂いがする言葉で、『父性』という言葉のニュアンスがしっくりきますね」

牧村が、ママの説明を聞きながら言った。

「そう。これはこれでビジネスのリーダーだったらやらなくてはいけないことね。そのためにリーダーという役割がおかれるのだから、これはリーダーの仕事として大切なことね」

「そうだよなあ、戦略等を共有して、追求して、結果を出さないとリーダーとしての存在価値はないからなあ」

佐藤が手を組んで上体を後ろにそらしながらつぶやいた。

「その通りね。でも……」と言ってママは、ニコッとしてみんなの顔を見ながら続けた。

「これだけだと人間疲れちゃうの」

「疲れちゃう？」と牧村。

「その通りだ！」そらしていた佐藤の体が思いっきり前に出た。

「そうなんだよ、疲れちゃうんだよ」

佐藤は大きな声で繰り返した。

「どうしてだと思う？」とママは佐藤に質問した。

「う〜ん」と佐藤が唸った。

「じゃあヒントね。ヒト、モノ、カネ、そして情報。この四つがよく言われる経営資源よね」

「そうだね。それを使って商売をする、経営をするわけだからね」

「この中で、ヒトだけが持っている特別なものがあるんだけど、それは何だと思う？」

「ヒトだけが持っているもの？　う〜ん、そうだなあ」

佐藤が腕を組んで少し考えていると、横から牧村が「『心』、ですか」と小さな声で確か

父性のリーダーシップ

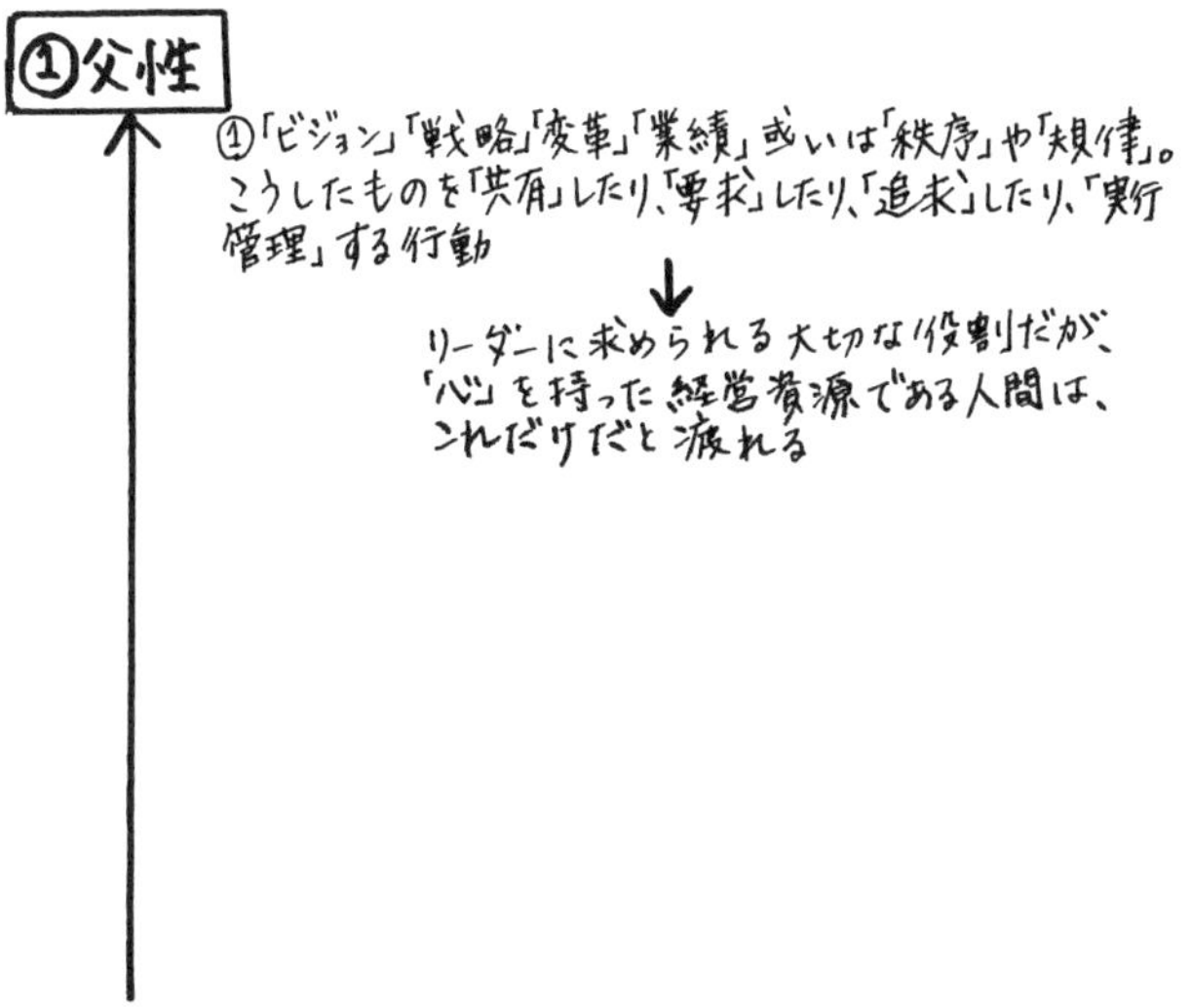
①父性
①「ビジョン」「戦略」「変革」「業績」或いは「秩序」や「規律」。こうしたものを「共有」したり、「要求」したり、「追求」したり、「実行管理」する行動
リーダーに求められる大切な役割だが、「心」を持った経営資源である人間は、これだけだと疲れる

めるように言った。

「そう、その通りよ」

ママは目を大きくして牧村を見て言った。

「心か。まあ、そう言われてみればそうだな。確かに、**人間だけが、心というものを持った経営資源**だな」と佐藤がぼそっとつぶやく。

「そう。言ってみればあたり前の話。だけど、リーダーとなる人が、意外とそのあたり前のことを忘れてしまったりするのよ」

「確かに」と佐藤は自戒を込めて言う。

「今の時代、変革には終わりがないわ。そして、ビジョンや戦略も、たとえそれがやるべきだとわかっていることであっても、それに追い立てられるだけの毎日だったり、一人で戦っているような感じになったら、牧村さんだとどうなるかしら」

「心が次第にカラカラになってくると思います」

「そうなのよ。心を持っている人間という動物は、そればかりだとどこか心が渇いて、疲れちゃうのよ」

「なるほど」と高野。

「だからこそ、**リーダーシップには『心』に働きかける側面が不可欠**なのよ」

ママは、一本の横軸を引いて、その端に「母性」と書き込んで言った。

「人間という動物の本質である『心』にこたえるためにやるべき行動。これを私は**『母性のリーダーシップ』**と呼んでいるの」

「父性に対して、母性ですね」。牧村が言う。

「そう。私流の呼び方だけどね」とママ。

「その、母性のリーダーシップに求められる行動って、どんなことだったりするんですか」

再び牧村が尋ねる。

ママは、ニッコリと三人の顔を見渡して、「あら、わからない？」と言った。

「さっきの、僕たちが宿題でやってきたことですか？」

父性のリーダーシップと母性のリーダーシップ

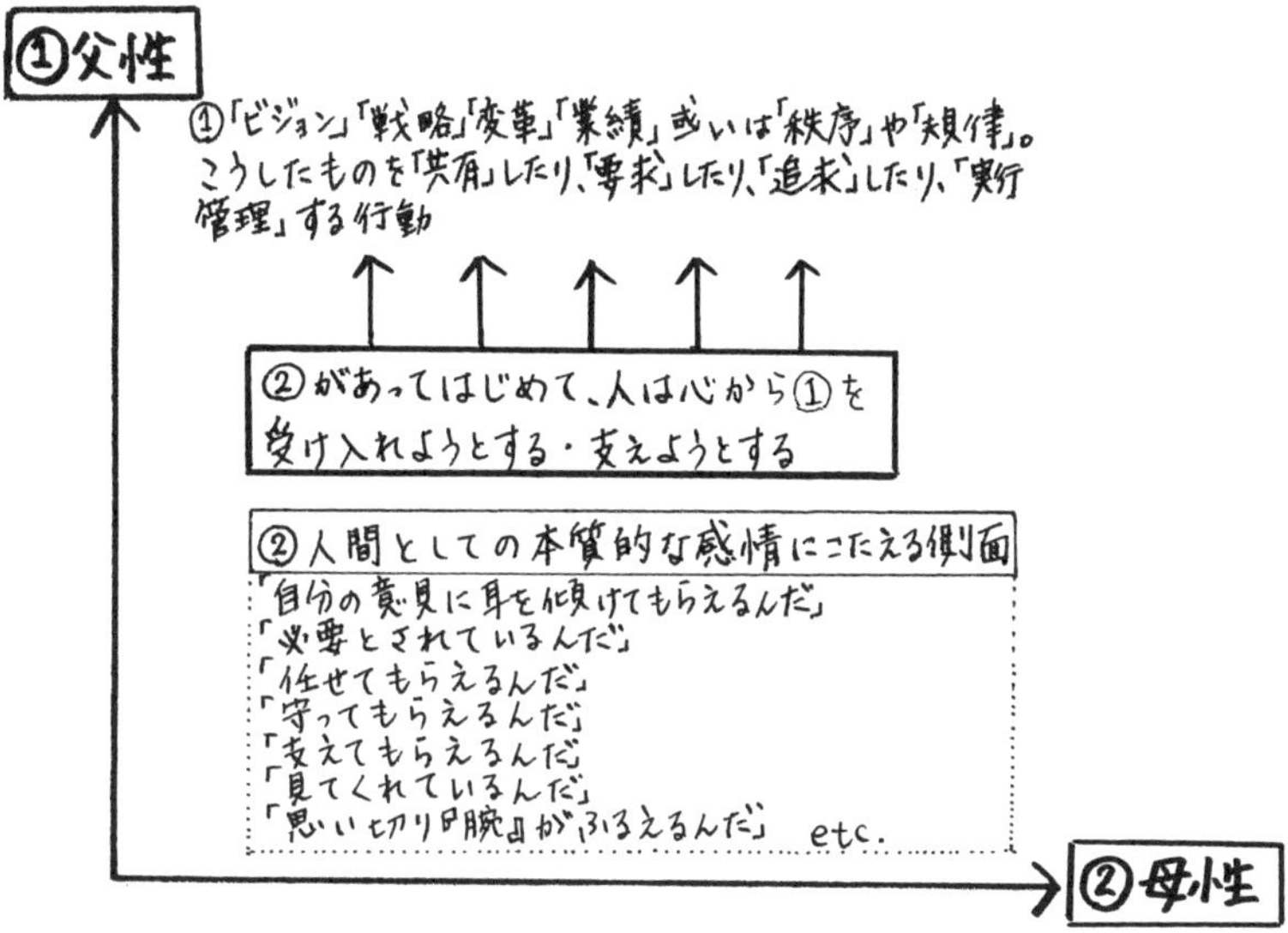

「そうよ。その通りよ」とママが高野に、正解と言わんばかりに手を向けた。そして、声に出しながら、紙に書き付けていった。

「自分の意見に耳を傾けてもらえるんだ」

「必要とされているんだ」

「任せてもらえるんだ」

「守ってもらえるんだ」

「支えてもらえるんだ」

「見てくれているんだ」

「思い切り『腕』がふるえるんだ」

エトセトラと書くと手を止めて、ママは顔をあげて言った。

「まさに皆さんが導き出したことは、こういったことよね。部下がこういったことを感じるリーダーの行動こそが母性のリーダーシップ行動なの」

「なるほど」と、高野がすぐさま相槌を打つ。

ママはさらに言葉を続けた。

「実際、こういったポジティブな感情が部下の心に生まれると、組織は強くなるの」

「どう、強くなるのですか？」牧村が尋ねる。

「『ビジョン』『戦略』『変革』『業績』、あるいは『秩序』や『規律』。こうしたものを実現しよう、しっかりしようと、部下が自分の本気の力を出すようになるの。よし、このリーダーのために、いっちょ本気を出すかっていう、そういう力ね。

結局リーダーがいくらいい絵を描いても、実行するのはリーダー一人ではない。部下の力が必要なの。だとしたら、部下がリーダーのために本気を出す気持ちにならない限り、どんなにいい絵だって、絵に描いた餅に終わるのよ。

だから、**父性に書いたものの実現が、その会社にとって重たければ重たいときほど、それを支える力が必要になるの。その支える力を引き出すのが母性のリーダーシップの行動なのよ**」

「なるほど。ところが、俺たちは間違えて逆をやってしまうことが多いよな」

佐藤が解釈を口にすると、牧村が「えっ、どういうことですか？」と佐藤に尋ねた。

「つまり、戦略の成果や業績を求めようとすればするほど、『何やっているんだ！』『どうなっているんだ！』と部下を追い込むような行動をしてしまうということだ。結果的に、疲弊しているところを、ますます疲弊させてしまい、求める果実がうまくとれないなんてことになりがちだということだね」

それを聞いて、高野が言った。

「ということは、野菜や果物にたとえると、母性のリーダーシップの部分は、土壌ですね」「えっ、どういうこと？」今度は高野に向かって牧村が尋ねた。

「野菜や果物は土壌が豊かでふかふかしていないと、十分な収穫ができないよね。それと一緒で、戦略の成果や業績を十分得ようとするなら、母性のリーダーシップにより社員の心が豊かでふかふかしていることが大切だってことだよ。

もちろん、土壌を豊かにしなくても、短期的には野菜や果物の収穫量を増やすことは可能かもしれない。農薬を大量に与えたりしてね。でも、それだと、長期的に豊かな収穫を続けることは難しくなる。根や葉や茎が弱っちゃうからね。

仕事も同じで、**過度なプレッシャーや追い込みをかけて強制力を働かせれば、短期的には成果をむしり取ることはできるかもしれない。しかし、そんなことばかりやっていると人間の心と体は弱ってしまって、結局長期的に成果を出し続けられるような、良い組織に**

はできないということだよ」

こうして三人は、父性と母性のリーダーシップの議論を進め、理解を深めていった。

一通り意見交換が終わったところで、ちょうど白ワインが空いたので、三人はそれぞれ好きなものを注文した。

新しい飲み物が各人に供され、それを口にしながらふと、牧村がママに質問をした。

「話がちょっとだけ、ズレちゃうんだけど、思ったことがあるので、訊いてみてもいいですか」

「あら、何かしら。私で答えられることだといいけど」

「リーダーシップというと、どうして一般的には、ママが言うところの父性のほうをイメージしやすいのかな、と思うんです。実際私がイメージしていたこともそうでした。

それに、その役割を果たそうというときに、どうして追い込みをかけるとか、怒るとか、あるいは大きな声を出すとかいう、強いコミュニケーションを伴いがちなのかしら。

私、最初にリーダーになるのは嫌だなと思ったのは、私はそういうタイプではないから、それをやらないといけないとしたら無理だなあと思ったんです」

「難しい質問ねえ。どうしてかしらねえ」

珍しくママもしばらく考え込んでから、おもむろに言った。

「あくまでも私論で、ちょっと飛んじゃっているかもしれないけれど、それでよければ」

「はい、もちろん。ママの私論、私好きですし」

「そうね。これまでの人類の歴史を振り返ってみると、いわゆるリーダーの役割を担ってきたのは男性中心だったというのが事実だと思うの」

「そうですね。これからの社会は変わっていくと思うのですが、これまでの歴史上の事実としては、男性中心だったと思います」。高野がこたえる。

「だからリーダーシップというと、無意識のうちに私たちは男性的なイメージを強く持ってしまうのだと思うの。そのリーダーシップのイメージにあるのが、今、『父性』のところに書いて話してきたような内容ね。『戦略』とか『変革』とか。それを『追求する』とか、厳しく『実行管理する』みたいなね」

「なるほど」。今度は佐藤がうなずく。

「不思議なことに、私たちが歴史の教科書で習う偉人も、なぜか男性の、武士や政治家で一時代をなした人ばかりでしょ。まあ、ばかりと言うのは、言いすぎかもしれないけれど、実際、小学校、中学校、高校と繰り返しインプットされてきたのは、そういう人たちの話が中心だと思うの」

「本当ですね」。高野は確かに、という顔をして言った。

「本とか、ドラマとか映画とかも、そういう人を取り上げることが多いから皆が知っているし、派手な話が入ってくるから、物語として面白いのはよくわかるのよ。だけど、そうした小さい頃からの刷り込みで、いつの間にか、私たちは、リーダーシップに対して無意識のうちに、リーダーシップとはこういうものだという『イメージの固定化』を起こしてしまっているかもしれないわね」

「なるほど」。興味津々《しんしん》で、二人とも身を乗り出して聞いている。

「この固定化が悪さすることもあると思うの。例えば、男性の中に『だから女性にリーダーは務まらない』と内心思っている人がまだいるのは、そのせいかもしれないし、女性でも『リーダーなんて私には無理。リーダーなんて女性の中でも特別な人がやることだ』と感じてしまう人がいることの要因の一つになっているのかもしれないわね」

「私、そうかもしれない」と牧村は声にした。

「もちろん、男性の中にも、この固定観念化されたリーダーイメージに対する自分とのギャップを感じる人もいるから、リーダーを務めるのは無理と感じるのは女性だけの問題ではないと思うのね。

やはり一番の問題は、少なからず男女どちらの脳の中にも、リーダーシップに対するイメージの固定化が、無意識のうちに起きているということね」

「なるほど」。高野がうなずく。

「そして、その先の問題として、そのイメージに自分を合わせようとしてしまって、リーダーシップが空回りする人が出てくる場合もあると思うの」

「ママ、それはどういうことかな」。佐藤が尋ねる。

「リーダーシップに対して抱いてしまっているイメージが『強い』イメージだから、強く見せなければいけないと思い込んで、形ばかり強く見せるようなことになってしまい、逆に部下の心が離れていく、というようなことね」

「あっ、それは僕だ」。高野が目を丸くした。

「この前もお話しした通り、僕には舐められてはいけない、強くあらねばならないっていう強迫観念みたいなものがあって、それでかえって『自分についてきてくれる人がいる』っていう、本当のリーダーシップからかけ離れた状態になってしまっていました。まさに今のお話の通りですよ」

佐藤、牧村も前回の高野の話を聞いていたので、「確かに」とうなずいた。

「これも、別に男女の問題ではないと思うのね。男性だけでなく女性だって高野さんみたいに力が入りすぎちゃうことは起きるわよ。

例えば、女性の中にも、やたらと肩に力が入っていて、とにかく負けないわよっていうエネルギーが全面にあふれていて、ちょっと近寄りがたくなっている人っているでしょう？　もう少し肩の力を抜いたらいいのにと思うんだけど」

言ってから、ママはちらっと舌を出した。

佐藤と高野は顔を見合わせて苦笑した。そこへ牧村がキッパリと言った。

「確かにいますね、そういう人。今の時代、男性は女性に対してなかなかハッキリしたことを言いにくいと思うので私が言っちゃいますけど、ママの言う通り、女性のリーダーの中にだってそうやって力が入りすぎちゃってるな〜っていう人はいますよ。だから、本当にこれはママが言う通りで、男女に関係なく出てしまうことだと思うんです。リーダーなんだからということで、必要以上に強く見せようとしてしまうこと」

「そうか。そうやって、ある意味、負けまい、舐められるものかと頑張ってふるまっているうちに、いつの間にか気づかないうちに、それが自分のふだんのふるまいになってしまうこともあるということか」と高野が解釈を始めた。

「まあ、本当のコミュニケーションの定義が『心と心を結びつける行動』だとすると、それは、本来的には強いコミュニケーションでも何でもなくて、単に口調が強いだけのことだけどね。でも、それを強いリーダーだと思い込んでしまうのかもしれないわね」とママ。

「そうですね。僕にとってはホント身につまされる思いです」と高野が反省するように、体を小さくして見せた。

「ママ、やっぱり面白いですね。私、すっごくわかるところがあります」と牧村が言った。

「もちろん、人間って、単純なところもあれば複雑なところもあるので、こればかりではないとも思うけどね」とママは返した。

「というと、他に、ママが牧村さんの質問に対して、思いあたることってあるの？」佐藤が尋ねた。

「そうねえ。まだあるわね」

「へえ。どんな理由か、それも聞かせてもらっていいかな」

「う〜ん、何というのかな、人間はやっぱり自分が『正解』『正しい』って思いたい生き物だと思うのね。例えば、戦争だって、結局それぞれの『正義』と『正義』のぶつかり合いから起きることが多いわけでしょ。少したとえが大きくなりすぎちゃっているかもしれないけれど」

「そんなことないですよ。確かに、相手からは間違って見えることでも、自分たちは正しいと思っていることはあるわけで。それのぶつかり合いの行きつく先に戦争が生まれるということは歴史的によくあることですからね」と高野。

「ありがとうね、そう言ってくれて。まあ、事の大小は別にして、人間って、そうやって自分が正しいって思いたいところがあるわけよ。だから、自分が正しいと思うことと違うとイライラしてしまうのも人間だと思うのね。自分が言った通りにやれていない、自分が思っていた通りにやれていない、自分のやり方と違っている。そんなときにはイラッときてしまって、言葉や当たりがきつくなるということが起きると思うの」

そう言うとママは、佐藤に向かって「例えば、佐藤さん」と呼びかけた。

「はい？」突然呼びかけられて、佐藤は素《す》っ頓狂《とんきょう》な声で返事をした。

「佐藤さんは結婚されているわよね」

「ああ、しているよ。もう、二〇年になるかな」

「家事のお手伝いはするのかしら？」

「恥ずかしながら、胸を張れるほどではないけれど、気づいたときや、できることがあったら手伝うようにしているよ」

「あら、偉いわね。それで、佐藤さんがやったことに対して、奥様から怒られることはない？」

「ママ、よくわかるねえ。そうなんだよ、せっかくやったのに、たびたび怒られるんだよ」

「例えば？」

「例えば、洗濯物の干し方とかたたみ方とか。そうじゃないでしょ、前にも言ったでしょとか言われてさ。ときどき、俺が干したものを干し直すこともあるんだぜ。ちょっとひどくない？」

「そう言えば、うちのお父さんも、お母さんに注意されて、『せっかくやったのに』と落ち込んでいる姿を、よく見たことがある」と牧村が手を叩きながら同調した。

「牧村さんのお父さんもそうだったの？　そうだろ。男はけっこう、家で奥さんにビクビクしたり、気を遣ったりしているんだよ」。佐藤は自虐的に笑った。

するとママが優しく言った。

「そうよね。奥様には奥様流の正しいやり方やイメージがあって、それとズレているから、ちょっとイラッときてしまって、悪気はないのだけれど、つい文句が口をついて出てしまうことがあると思うのよね」

そういう理由で妻が自分の手伝いに文句を言うのか、と佐藤が思っているところへ、ママは重ねて問いかけた。

「佐藤さんは、奥様のその叱責が嫌で、そのため気を遣ってしまうというわけね。じゃあ、質問だけど、佐藤さんご自身は会社では、家での奥様のようなことを部下に対してやっていないかしら？　自分流の正しいやり方やイメージがあって、それとズレているとイラッときて、ついつい文句を言ってしまうということだけど」

あちゃ〜、という顔を佐藤はした。

「上司が、部下の取り組みに対してそういう反応をしてしまうと、ひょっとしたら部下の人はけっこう内心、上司の反応にいつもビクビクしていたり、気を遣って仕事をしていることになるかもしれないわよね」。ママが畳みかけた。

佐藤の顔はますます、参った〜という表情になった。

その顔を見てママは笑いながら、「ごめんなさいね。ちょっと意地悪が過ぎたかしら。何も、いじめようと思って言ったわけじゃないから、許してね」と言って左目で軽くウインクした。

「まったく、ママ、勘弁してよ。こっちはドキドキだよ」と文句を言いながらも、ママのウインクに佐藤は満更でもなかった。

「だからね、私はリーダーが部下に対して、口調が強くなってしまったり、ちょっと攻撃的なコミュニケーションになってしまう要因の一つに、『自分が正しい』と思い込んでしまっているところがあると思うの」

「なるほど」と、黙ってやり取りを聞いていた高野がうなずいた。

「自分の正しさが基準になってしまって、そこからズレるとイラッときてしまう。それが、思いがけず口調の強さや攻撃的なコミュニケーションを生んでしまうということですね」

「そうね。でも、リーダーだったら、本当はそれではいけないと思うの。リーダーは、マネージャーでもあるわけだから、本能のまま感情的に反応しているだけではダメよ。自分の反応をしっかりマネジメントしないと」

「なるほど。そうしたら、こういう場合は、どう反応をマネジメントするのがいいのかな」と佐藤がママに尋ねた。

「そうね、やっぱり、やってくれたこと自体にまずは『ありがとうね』と言ったり、何かちょっとでも上手にできていることがあったら、『ここのところは、いいね』と言って認めてあげたりすることよね。そのうえで、もっとこうしてくれるといいなあとか、こうなって欲しいと思うところをフィードバックしてあげることね。

そのときも、そうしてくれると嬉しいとか、もっと助かるとか、あるいは、あなただったらできるという期待の言葉を添えてあげるとさらにいいわよね。その言葉が加わると、私が部下だったら嬉しいし、そのフィードバックを受け止める気持ちも強くなるわ」

「確かにそうだなあ。俺ももし、俺がやった家事に対して奥さんがまず『ありがとう』と言ってくれたら嬉しいし、手伝った甲斐を感じるし、次もまたやろうって気になるわ」

「そうでしょ。だからリーダーは二つの自己マネジメントが大切になるの」

「二つ?」

「そう。一つは『**自分ばかりが正しい』と思わないように自分をマネジメントする**こと」

「なるほど」

「もう一つは、部下の取り組みに対する反応の方法をマネジメントするということ。つまり、**自分の基準と比較して頭から感情的に反応しないようにする**ということね」

少しばかりの酔いもあってか、「了解!」と大きな声で佐藤が剽軽に敬礼のポーズをした。高野、牧村も同じような動作をして「了解です!」と言った。

そして牧村が感謝の言葉を伝えた。

「ママ。父性と母性のリーダーシップの話、よくわかりました。ありがとうございます。私たち宿題を決めてやってきてよかったです。おかげでママの話が、自分たちの具体的体験とつながって、よく理解することができました」

「そうだな。宿題は効果的だったな」。佐藤もうなずく。

高野も同じく感謝の気持ちをママに伝えたのだが、一つ言うべきか迷っていることがあった。それをママはすぐさま見抜き、「何かまだ訊きたいことがありそうね」と言って、高野の顔を覗き込んだ。

「はい。お願いばかりになって、申し訳ないなあと思ったのですが。先ほど美香が言ったように、リーダーにしてもらって嬉しいことと、されて嫌なことは、僕たちの体験から導き出してきたので、イメージがしやすいのですが、数もたくさんあってちょっとバラバラしているので、何かうまいこと整理できないかなと思っているんです。

そこで、厚かましい話ですけれど、さっきママが、僕たちの答えは私の考えていることと一緒ですと言われたので、ひょっとしたらママはご自身ですでに整理されているんじゃないかと思いまして……」

ふうっと息を吐いて、ママは言った。

「さすが高野さん、鋭いわね。じつはあるの」。そこでもう一息ついてママは続けた。

「**リーダーと部下の心と心が結びつくために、リーダーに押して欲しい部下の心のスイッチが四つある**と、私は整理しているの」

「四つのスイッチですか？」

「そう、四つ。部下を持った人に必ず押すようにしてもらいたいという、そういう大切な心のスイッチ」

「それは何ですか？」

高野の真摯《しんし》な目にこたえようと、ママは話をする準備を始めた。

第11章

四つの感情スイッチ① 信頼感

「私はこの心のスイッチを、『四つの感情スイッチ』って名付けているの。これからそれを、一つずつ順番にお話しさせてもらうわね」

「お願いします」と三人が声をそろえた。

「四つの感情スイッチ、その一つ目。それは……」と言って、カレンダーの裏紙に、

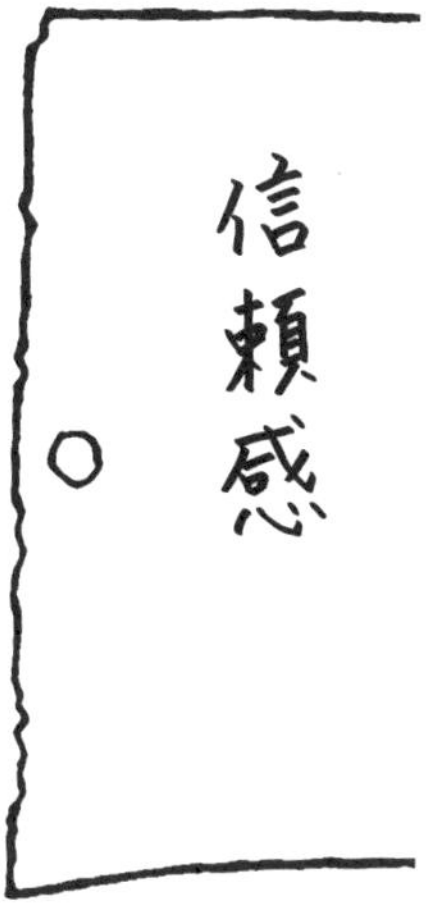

と書いた。

「信頼感ですか」

高野には、ひょっとしたら難しい言葉が出てくるんじゃないかという思いも半分くらいあったが、気持ちよく裏切られた。やはり、ママの言葉はシンプルで、いっけんあたり前のことだが、何か重みを感じさせる匂いがする。

「ちょっと拍子抜けするかもね。言葉にしてみればすごくあたり前のことだから。だけど**大切なことは、部下から信頼感を得るための行動が本当にあたり前にできているか、ということ**。頭ではわかっていても、日頃の行動が伴っているかということね」

「信頼かあ。やっているつもりだけど、そう言われると俺はビミョーかもしれないなあ」

佐藤は自信なげにつぶやいた。

「**あたり前にできているというのは、誰に対しても同じようにできているということだし、いつでもどんなときでもできているってこと**ですよね」

牧村がママに確かめた。

「そうありたいわよね。上司にはできているけど、部下にはできていないとか。正社員にはやっているけれど、派遣やパートの人にはやっていないとか。そういうのではダメよね。それに、気分がいいときはやっているけど、気持ちが乗らないとやらないとか、時と場合によってというのでは、できているとは言えないわよね」

「わあ、俺はビミョーどころか、ダメだな」

自虐的に佐藤は言った。

「佐藤さんだけじゃないわ。私だってそうよ、きちんとできていないわ。だからこそ、『信頼？　それくらいのことは知ってますよ』と言ってわかったつもり、できているつもりになるのではなく、『自分はできていないのだからちゃんとしなくちゃ』といつも自分に言って聞かせるくらいのつもりでいるほうがいいわけよ」

牧村は、ママはいつも日常そういう気持ちで人に接するようにしているのだろう、と思いながら、頭にふっと浮かんだ疑問をママに投げかけた。

「ママ、ちょっと難しいこと訊くかもしれないけれどいい？」

「あら何かしら」という顔をしてママが牧村のほうを見る。

「『信頼』ってとても大切だろうなって直感的にも思うの。でも、そもそも『信頼』の関係ができるとどんないいことがあるのかなあと思って。例えば部下から信頼してもらえると上司にとってどんないいことがあるのかなあということなんだけど」

素朴だが真っ当な質問だ。（それが牧村さんのいいところなのよねえ）、という気持ちをママは抱いている。

「あら、また私を困らせる難しい質問ねえ」

ママはわざと眉をひそめて困った顔をしてみせた。

「すいません……」

少し考えてからママは話し始めた。

「そうねえ、ちょっと私の体験の話をするわね。おそらく似たような体験を皆さんもどこかでしていると思うことよ。同じことを言っているのに、ある人から言われるとその言葉を素直に受け入れることができるのに、別の人から言われると受け入れられないという体験なんだけど。

例えば、私が高校生だったとき、英語の先生が二人いたのね。この先生は二人とも私たち生徒に同じことを言っていたの。『君たちの時代には国際化社会がやってくる。だから英語の勉強をすることが大切になる』って。

一人は中村先生といって、この先生は生徒との信頼関係を築こうと努力されていたし、私たちもこの先生のことを信頼していたわ。

中村先生に言われると、私は特に英語が好きでもなかったし、そんなに英語に関心があるわけではなかったんだけれど、『そうかあ、そういう時代が来るんだろうなあ。やっぱり英語をちゃんと勉強しなくちゃいけないなあ』と思って、英語の勉強を頑張ったの。

「信頼」が与える影響

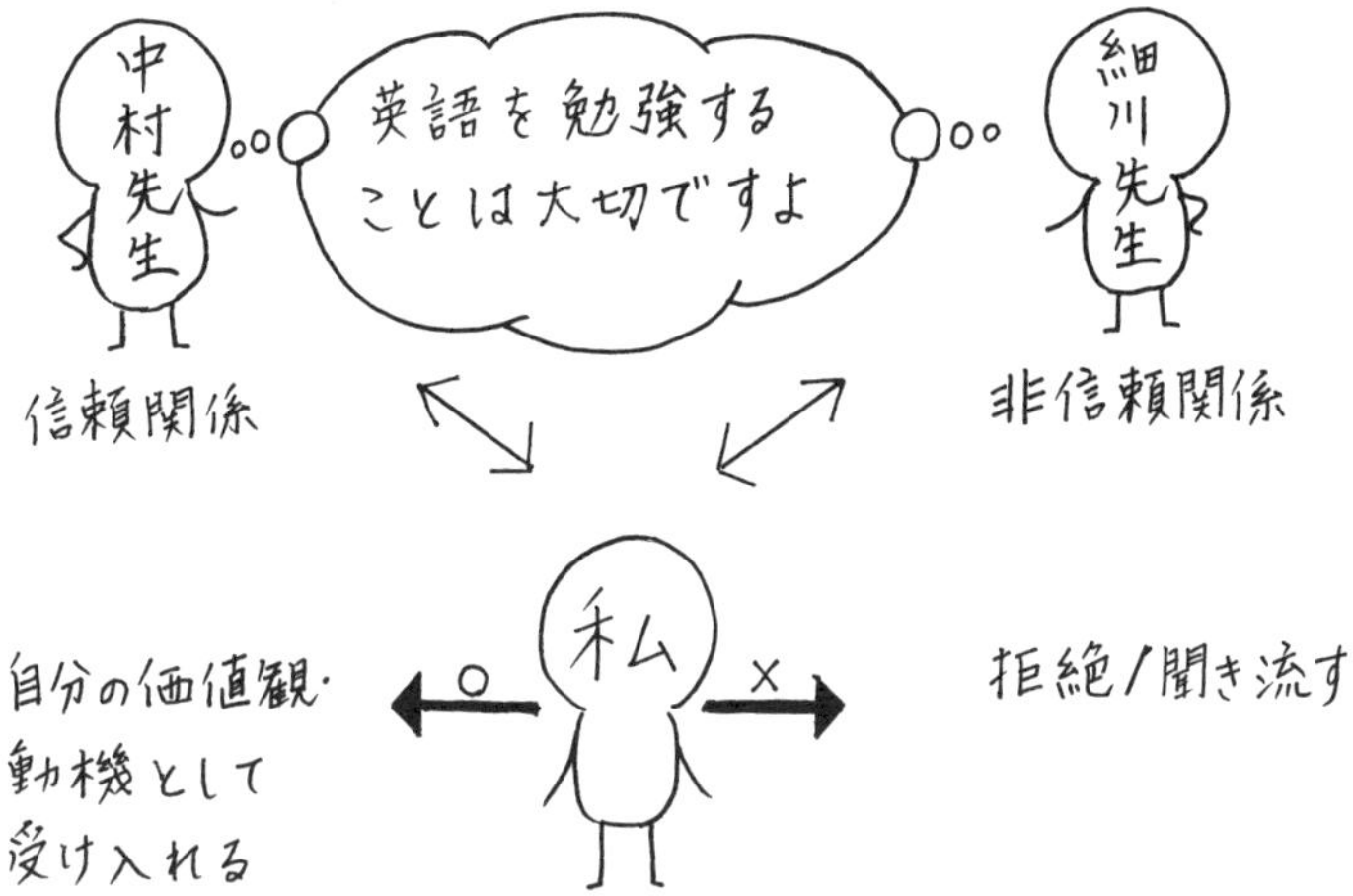

つまり、私の中には、元々英語の勉強をするという価値観とか動機はなかったけれど、中村先生に言われると、『国際化社会がやってくるから英語を勉強することが大切だ』という価値観や動機を受け入れている私がいたというわけね。

ところが、もう一人の細川先生は、授業をすることにしか興味がない先生で、生徒との信頼関係を築こうといったことには関心がないタイプだったの。そして、私たちも細川先生には信頼感は抱いていなかったわ。

だから細川先生も中村先生と同じことを言うのだけれど、私の頭の中では中村先生のときとは違う反応が起きるの。それは例えば、『また、言ってるわ。先週の授業のときも言ってたじゃない。しつこいなあ』なんて感じね。

言っている言葉は同じなのに、中村先生の言葉は受け入れ、細川先生から言われると受け入れられない。その違いを作っているのは、ひとことで言えばその先生に対して『信頼』があるか、ないかの違いなのよね」

「わかります、そうしたことは、友だち関係の中でもあるし、職場の中でもあるし、確かにけっこうそういうことありますよね。この人から言われるといいけど、あの人から言われるとダメということ」

自分も同じような体験があると、賛同を口にしたものの、牧村は、しかしまだ疑問が解消できていないという顔をしていた。

「ん～、つまり、だからリーダーにとって、部下の信頼を獲得するということが、どんなに大切かというと……」

頭がまだ整理できなくて悩んでいると、「僕はママが言いたいことがわかったよ」と、横から高野が助け船を出した。

「リーダーというのは、ビジョンや戦略や目標を部下と共有したり、やってもらいたいことを伝えて、動いてもらうのが仕事だ。これはさっきの話で言うと、父性のリーダーシップに入る取り組みなんだけど、これは役割なんだから、やらないといけない。

だけど、部下全員が最初から同じ価値観や動機を持っていることなんてありえない。やりたいことや向かっていきたい方向などはそれぞれある。

だからそんな相手に、ビジョンや戦略や目標や、やってもらいたいことなんていう、リーダー側の価値観や動機を受け入れてもらって動いてもらおうと思ったら、それを伝えるリーダーに対する信頼がとても大切だということだよ。**信頼があって初めてその言葉を受け入れて、『このリーダーが言うのだったらやってみよう』とか、『なるほど』と共感して自分の価値観や動機として受け入れる心が発生する**ということなんだよ」

高野の説明で佐藤もようやく合点がいったようで、自分に言い聞かせるように言った。

「そうか、そういうことか。部下との間で、本当の信頼が築けていなかったとすると、口では『はい、わかりました』と言っていても、じつは表面的に言っているだけで、腹の底には落ちていないということが起きやすいってことか。

だから、俺なんかの場合、部下が『はい、わかりました』と言っておきながら百パーセント情熱かけてやっている感じが伝わってこなかったり、何か違うことをやっているようなことが起きるのか。確かに、自分が部下の立場で思い返してみればそうだよ。信頼のない上司の指示には俺自身がそうしている。上司の手前、わかったふりはするけれど、本当に腹の底には落ちていないね」

佐藤の言葉にうなずきながら、ママは再び語り始めた。

「そうなのよ。だから、さっきも話に出たように、ビジョンや戦略や目標といった父性のリーダーシップにあることを部下に本気でやってもらいたいと思ったら、『やれ！』とか『なんで理解できないんだ！』『何回言ったらわかるんだ！』と強い口調で言ったところで、ほとんど意味がないということよ。

それだと、**リーダーが自分の感情の鬱憤《うっぷん》ばらしをしているに過ぎない。それをやって、リーダーとしての仕事を自分はやっていると思ったら大間違い。それじゃ誰も心から動かない**わ。部下は萎縮して、仕方ないからやるだけで、本気を出そうとか、自分で最終責任をとる覚悟でやる、なんてことにはならないわ。

それよりも、母性のリーダーシップの一つである『信頼』関係をしっかり作ること。ここに自分の日常の行動をしっかり向けたほうが、強い口調で指示や命令を出したり発破をかけたりするよりも、よほど部下は納得してやるべきことを受け入れて、自律的に行動してくれるようになる。結果、ビジョンや戦略や目標を共有できて、成果があがりやすいということなのよ」

「そういうことなんですね。ようやくわかりました。だとすると、リーダーにとって部下と根っこのところで信頼関係を作るということは、本当に大切なことで、これがないとそもそも話にならないというくらいのものだってことですよね」

牧村は自分の理解を伝えた。しかし、話をしながら、またふと疑問がわいてきた。

「ママ、また質問していい？」

どうぞ、とママはこくりとうなずいた。

「そんな大切な信頼の感情を部下から得るためには、リーダーはどうしたらいいのかしら？」

ママは目を閉じて、少し考えるそぶりをした。

「ごめんなさい、ママ。何か私、困らせるような質問ばかりして」

「ううん、いいのよ。こうやって牧村さんが質問をしてくれるから、私も考えることができて、勉強になるの。だから、かえってありがたいわ」

「ママ、いい人！」と言って、牧村はママに抱きついた。

佐藤と高野は、その光景を笑って見ている。

ママは「ちょっと待ってくれる？　とってきたいものがあるの。少し時間がかかるかもしれないから、みんなで飲んで待っていて」と言って、店の奥にある、事務室らしき部屋の扉を開けて入っていった。

五分ほどしてから、ママは一冊のノートを抱えて戻ってきた。

「あったわ」と言って、そのノートを皆に見せた。

「私ね、店のお客さんとお話をしていて、いいお話と思ったことを忘れないうちにノートに書き付けるようにしているの。もう、何年も続けているから、たくさんノートがたまって、今の話に該当することが書いてあるノートを探すのに、ちょっと時間がかかっちゃったけれど、見つかったわ」

そう言って、今しがた付箋を貼ってきたと思われるページを開いて、少し目を通した。

「うん」と納得したようなひとことを発してから、ノートを閉じてみんなに向かって話し始めた。

「昔ね、偉い学者さんがリーダーへの信頼について研究をしたらしいの。ん〜、なんていう学者さんだったたっけ？」

そう言って、ノートを開けて確認する。

「あ〜、あった。んーとね、クーゼスとポスナーという二人の人みたいね。本も書いているみたい。タイトルは……ずばり『信頼のリーダーシップ』ね。ついていきたいと思えるくらいの信頼を得るのに大切なことは、何か一つこれをやれば、という話ではなくて、いろいろあるのよね。例えば……」と言って、再びノートを確認した。

「そう、有能であるとかね。そりゃそうよね。あの人何もわかっていないとか、質問しても的外れな回答しか返ってこないとか、昔の経験でばかり仕事をしようとするとか、ホント仕事できないなあ、なんて思われてしまう状態では、信頼はできないわよね」

「まったくだ。ちょっと俺は反省するところがあるけどね」

いつもの佐藤らしい自虐コメントが返ってきた。

ニコッと佐藤を見てからママは話を続けた。

「その他にもいろいろあるんだけれど、私がお客さんから聞いて面白いなあと思ったのは、一位になった項目ね。しかも調査では、それがダントツだったというの」

「なんですか？」牧村が訊く。

「それがねえ、**『誠実』**なのよ」

「誠実、ですか。リーダーシップというと何かもっと難しそうで重たいものが一位にきそうな感じなのに、これもやっぱり意外というか。信頼を築くうえでもそういったあたり前のことが一番貴ばれるんですね」

牧村がしみじみと言う。

「でも、考えてみれば実際、僕たちが、『ついていきたくなるリーダー』の話をしたときも、『要は誠実な人だよね』と言える体験、多かったよね」

「確かにそうだな。今、高野さんが言った『要は誠実な人』につながるようなキーワードも、さっきまとめた二〇個の言動の中に結構あったと思うよ」

ママは、みんなの反応をうなずきながら耳を傾け、そしていつになく真顔でこたえた。

「**リーダーシップというのは、唯一『心』というものを持った経営資源である人間に対して行うことだから、じつは人間としてあたり前のことが一番大切**だということね。これはリーダーシップにおいて普遍的なことだと私は思うわ。みんなややこしく考え過ぎじゃないかなって思うときがあるわ。

だって、実際に、本当にリーダーとしてすごい実践をして成果を出した人たち、例えば松下幸之助さんや本田宗一郎さんや稲盛和夫さんたちの本を読むと、ややこしいことなんて何も書いていない。みんなシンプルで、言ってみればここに出てきたような誠実といった、人間としてあたり前のことが書いてあるわ。彼らが、わざわざ自分のこれまでを振り返って、世に何かを残そうとするときに、嘘を書くわけがないわよね。だから、そういったことが真実なのよ」

聞いている佐藤も真剣な表情になっている。

「そうなんだよなあ。俺自身がその一人なんだけど、そうした**あたり前のことができていない人に限って、こうしたあたり前のことを軽く見てしまう**。軽く見ているつもりはないと言うかもしれないけれど、実際、『わかっているよ、それくらいだったらそこそこできているよ』と思って、本気でそれを追求して磨こうとする努力はしない。

そして、**何か魔法の杖があるんじゃないかと思って、それを求めてしまう。パッと、これをやれば部下が自分についてきてくれるようなウマイ方法。そんなイージーなことばかり考えて、時間だけが経過していく。**まあ、俺自身がそうだったから一番よくわかっていることなんだけどね。でも、結局そんな美味しい話はない。

でも、そのことに気づかないと、魔法の杖探しをしたまま本当のリーダーシップを一生身につけることなくキャリアを終えることになりかねない。ヤバかったな、俺は」

「私は逆に良かったな」

どういう意味だろう、と佐藤と高野は牧村を見た。

牧村は自分の考えを確かめるように、ゆっくり言った。

「私は元々リーダーとしての『能力』なんて自分にはないと思っていたから、リーダーをやるのを断ろうとしたわけですよ。でも、こうやって皆さんと話をしてきて気づいたのは、じつは**リーダーとして大切なことは、『能力』の問題というよりも、『習慣』の問題だってこと。**

だったら、誰にだって、そう、私みたいな別に優秀でも何でもない普通の人間にだって、リーダーシップをうまく発揮するチャンスはあるってことじゃない。『習慣』だとしたら、歳も関係なく、何歳でも、あるいは何歳からだって可能ってことでしょ。もし『能力』なら、自分がその能力に恵まれていない場合、努力をしても限界があるからあきらめるしかなかったけれど、『習慣』だったら、あとは要は『やる』か『やらないか』の問題なわけよね。

まあ、歯磨きみたいなものよね。歯磨きに別に能力はいらない。あとは、朝、昼、夜、ご飯を食べたら磨くということを『習慣』としてやるかどうか、それだけだもん。だったら、私はやれると思ったの」

そう話し終えると、牧村はワインを一口飲んで、またママに問いかけた。

「でもねえママ。じゃあ『誠実』ってどこからくるのかな。それがわかると具体的な行動にできるんだけど」

「いいねえ、牧村さん。食い下がるねえ」

佐藤が今食べようとつまんだチーズを持ったまま言った。

「これはねえ、じつは私、このノートに書き付けてあるの」

「えっ、そうなの」と佐藤。

「お客様からの話をもとに私なりに整理して、『誠実の五要素』という形にまとめたのよ」

「誠実の五要素。へえ、何だろう。聞きたいなあ」

「いいわよ。じゃあ、言うわね。一つ目が

『嘘をつかない』

ということね」

「ん、あたり前だ。しかし、大切だ」

「そうですね。いっけんあたり前で、仕事でそんなことはしないだろうって思いがちですけれど、組織的なコンプライアンス違反の問題なんていうのは、結局は、嘘を部下につかせているわけですから、ありえない話ではないですよね」

「そうよね。さすがに**露骨には嘘をつかないとしても、ちょっとだけ自分に都合のいいように伝えたり、自分に不都合なことは、言わないで隠すことは、意外とやっちゃうこと**じゃない？　私もそういうことがないとは言えないわ」

「そういうときって部下もわかるよね。この上司、うまいこと言っているけれど、本当は違うよなあって」

三人のやり取りを受け止めてからママが言った。

「そうなのよ。だから、いっけんあたり前すぎるようなことだけど、決して誰もが『完全にできている』とはなかなか言えないことなのよね。

でも、**話に嘘が入っていたということがわかったときの信頼喪失度はとても大きい**のよ。だから、すごくあたり前のことだけど、あえて『誠実の五要素』の一つにしているの」

「なるほど。確かにその通りだと思います。それで二つ目は何ですか？」牧村が促す。

「二つ目は

『約束を守る』

ということね」

「おっ～、そう来たか。そうだねえ。それもあたり前だけれど大切だよなあ」と佐藤。

高野は、また真面目に約束ということをさらに分析しようと試みた。

「言われてみれば、いろいろな約束を僕たちはしますよね。いついつまでにやるという納期という約束。こういうものを実現しますという目標という約束。あるいは品質基準という約束。こういうことをやるという行動の約束もあるし、アポイントメントという約束もありますよね。そういった約束を守ってくれなかったり、忘れていたとかいって反故《ほご》にされたら、確かに内心では不誠実だなあと思って、その先その人のことを信頼できなくなりますよね」

高野の話に、相槌を打ちながらママは聞いていた。そして、ノートを斜め読みして、興味深いメモ書きを見つけた。

「あとねえ、他にもけっこう気をつけなくちゃいけないことがあるのよ」と、ママは言った。

「えっ、それは何ですか」とすぐに牧村が食いつく。

「外国の人がまざったグループのお客様が来られたときの話なんだけどね。日本語がとてもお上手な人たちだったから、私も気楽にお話ができたのよ。

その外国の人たちが指摘したのは、『会議というのは約束があります。それは、言うべきことは会議の中で言う、という約束です。マナーという名の約束ごとです。しかし、日本の管理職の人の中には、会議が終わってから〈あれ、じつはさあ〉とか〈俺は、あそこのところちょっと課題だと思うんだけどなあ〉と意見を言ってくる人がいます。これは約束違反で、かえって不誠実に感じます』ということだったのね。

周りの日本人のお客様はみんな苦笑いしていたから、私訊いたのよ、『こうされると、〝なんだかなあ〟って感じるのは外国の人だけ？　日本人の皆さんはどうなの？』って。

そうしたら、皆さん『やっぱり嫌ですよ』とか『いい感じはしないですよね』って言われるの。つまり、会議のときではなく、会議が終わってから意見を言ってくるというのは、された人は万国共通で気持ちよくないわけよ。でも、気をつけないと、私たち日本人はやってしまいがちな行動だと思わない？」

「確かに、そうですよね。僕の会社でも、**会議のときは黙っていて、会議が終わってから本音を言ってくる人って意外と多い**ですよ。『会議が終わってからのほうが、本物の会議だ』、みたいなことを、声を大にして言う人もいるくらいですから」

高野は、自分の会社の会議の様子を頭に思い浮かべた。

「俺の会社も、もちろんある。というか、けっこう多いね」と佐藤。

「私のところだって、ないわけじゃあないわ。ひょっとしたら自分もやっているときがあるかも、って考えると、ちょっと私ヤバいかも、ってドキドキしてきた」と牧村は我が身を振り返った。

「そうねえ。だから、そういうところもけっこう周りからは見られているから、お互い気をつけましょうっていうことよね」。最後にママがまとめた。

話に一通りの区切りがついたと判断して、高野が「では三つ目に行きましょうか」とママを促した。

「三つ目は

『責任感』

ということね」

「それも大切ですね」と牧村。

「ええ。その中でも**特に大切なことが何かと言うと、『失敗』や『うまくいっていない状況』のときの、上司の責任感ね**」

「ああまさに。僕がやられた『梯子外し』や『失敗は部下のせいにする』なんていうのは、その対極の話だ。話がうまい方向にいっていないと、急に自分の立ち位置を変えてきたり、一方的に部下に責任を押しつけてこられると、本当に不誠実だと感じますよね」

高野は先日の話を思い出しながら言う。

「逆に、部下が失敗したときに、『これは私の責任だから』と守ってくれる上司には、『なんて誠実なんだこの人は』と感じます。部下のほうも『いや、これは自分の責任だ』ということはわかっているから、申し訳ない気持ちでいっぱいになります。だから上司にそうされると『絶対、恩を返そう』とか、『この次は迷惑をかけないようにしよう』とか『絶対に次は失敗しないぞ』って気持ちがかえって高まります」

「賢介、私も今同じことを考えていた。反対に、そういうときに『失敗の責任』を一方的に上司から押しつけられると、自分に落ち度があったとわかっていても腹が立ってきて、反省したくなくなることがあるもの」

「『成功は上司のもの、失敗したら部下のせい』という人は実際にいるからねえ。でもそういう人は当然人から信頼を得られないということだな」。佐藤がまとめた。

頃合いを見て、ママは「じゃあ、続いて四つ目いくわね」と話を先に進めた。

「四つ目は、

『聴く』

ということね」

「あ〜、やっぱり『聴く』は入ってきますよね。私も、きちんと自分の話を親身になって聴いてくれる人って、それだけでありがたいと思いますもん」

「今、牧村さんとてもいいことを言ったわ」

「えっ、どのへんがですか?」

牧村は自分の発言のどこが褒められたかわからなくて、思わずママに尋ねた。

「『親身になって』というところよ。そう、同じ『きく』でも親身になって聴かないと意味がないのよ。だから、皆さんも書いているように、漢字だと『聞く』ではなくて『聴く』のほうね」

「本当だ。無意識のうちに『聴く』というほうの漢字を使っている」

高野はカレンダーの裏紙を見て、先ほど自分たちが書いた漢字が『聴く』のほうだったことを確認した。

「漢字って、よくできていて、こっちの聴くは、耳偏に、十の足し算をして目と心という字がついてくるでしょ」

「ホントだ」

「つまり、**耳だけで聞くのではなく、全身全霊、意識を傾けて聴く**っていうことね。だから、単に物理的に耳だけ相手に向けているのではダメで、親身になって聴かないと、誠実さは受け取ってもらえないということよ」

「なるほど」。牧村は納得の声をあげた。

「だから、私、パソコンを見ながら自分の話を聞かれると、何か嫌な感じになるって言ったんだ。そういう姿勢だと相手から自分に対する誠実さを感じなくなるんだ」

「そうだよな。僕なんかも、もし相談に行ってもいつもそんな感じだと、その上司のところに相談に行かなくなるだろうなあ。どうせまともに聴いてくれないだろうから、いいやって思ってしまうものなあ」

「そうなのよ。でも、もしかしたら、その上司の人は、本人としては話を真剣に聴いているつもりだったかもしれないのよ。だけど、残念ながら受け取り手の気持ちはそうならない。皆さんが言うような気持ちになってしまうの。そして、これがこの上司に対する真実として残る、ということになっちゃうのよ」

「怖い話だけど、パソコンが目の前にあるとついついやっちゃうかもな。**部下が話しかけてきたら、意識してパソコンの手を止めて、きちんと目を見て話を聴くように心がけたほうがいい**なあ」

「今の時代だったらスマホも同じことですよね。パソコンだけじゃなくて、スマホを見ているときにも自分がそうならないように気をつけなくちゃ」

牧村がそう言うと、皆うなずいた。

「今、話をしていて高野さんや牧村さんと出会うことになったあの日のことを思い出したよ」。佐藤がママに向かって言った。

「ほらママ。最初に俺が一人で飲んでいたときに、若い人二人で話していたことに、『勝手なこと言いやがって』って腹を立てていたでしょ。あれ、撤回するわ。反省する」

「えっ、どんな話があったんですか」

牧村が興味深げに、佐藤を見た。

「若い二人組が、部下の評価面談のときに、決められた時間の七割から八割は上司が話をして、部下がそれをじっと聞いている時間のほうが長いって話をしていたんだよ。彼らは、いったいこの面談の主役はどっちなんだよ、と愚痴っていたわけだ。あのときは、横で聞いていて、こいつら何言ってんだよと思ったけど、反省。もっと聴くようにしないといけないわ」

そのときのことをママも思い出したようだ。

「そうよねえ。上司は良かれと思って言っているのかもしれないけれど、部下にとってみれば逆だってことよね。確かに、自分の話もそこそこに、あとは上司のご高説を聞かされるよりも、**自分の話を上司が本当にしっかり聴いてくれて、そのうえでくれるアドバイスのほうが、よほど腹落ちする**わ。でも、こういうことって、日常でもあるでしょう？　**ちゃんと話を聴いてもらえるから、その人の話に納得する**ということ」

三人は少し考えてみた。最初に口を開くのは高野かと思いきや、牧村だった。

「ありますねえ。例えば、先月私、お腹の調子が悪くて、何日も続くから、ちょっと心配になって近所の病院へ行ったんです。『どうしました』って訊かれたから、説明をしたの。そうしたらそこの先生は、私のほうでなく問診票のほうばかり見て、それで話半分のところで『あ〜、まあ最近流行りの夏風邪ですよ。夏風邪からくる腹下しですね』と決めつけて、それで診察終了。薬は出してもらったんだけど、何か納得いかなくて。

それで、別の病院を探して行ったんですよ。今度の先生は、私の話を最初から最後までしっかり聴いてくれて、診てくれたんですね。結局は前のお医者さんと同じ診断で、同じ薬を薦められたんですけど、全然納得感が違いました。もし次、体の調子が悪くなったときは絶対に後に行った病院のほうに行こうと思いましたもん」

「しっかり聴いてくれたので、後のお医者さんには誠実さを感じて、だから診断は同じでも、そのお医者さんのほうが信頼できると思って、次からはそちらに行こうと決めたということだね」と高野らしく話をまとめる。

「そういうこと。こうして身近なことを考えてみても、『聴く』って大切ですね。どうしてそうなるんですかね」と言って牧村は素朴な疑問のボールを再び皆に投げた。

それに答えたのは、意外にも佐藤だった。

「うーん、やっぱり**よく聴いてくれるという姿勢は、『自分のことを正しく理解してくれる』という気持ちにつながる**んじゃないかな。やっぱり人間は、自分のことをちゃんと理解してもらえると嬉しいし、そういう人を好きになるじゃない。だからじゃないかな」

全員、大いに納得顔で佐藤の解釈を受け止めた。

そして一呼吸おいたところでママが「さて、あと一つね」と言った。

「誠実の五要素、最後の五つ目は、

『利他』

ということね」

そう言って、ママはカレンダーの裏紙に利他という文字を書き付けた。

「利己ではなく利他。他人を利すると書くわけ。つまり、相手のことを思って行動するという意味ね」

「どういうときに私たちは利他を感じやすいのかしら?」と牧村。

「そうね、『わざわざ自分のために時間を使ってくれた』と感じる行為を受けたときじゃないかしら。例えば、上司が自分のためにわざわざ時間を使っていろいろと教えてくれたというのはわかりやすい例じゃないかしら。直接的なことだけじゃなく、仕事に役に立つであろう本や資料をさりげなく机の上に置いておいてくれたとか。そのために上司は、何がしかの時間を使っているわけよね。何より部下にとっては、上司が頭の中で自分のことを考えてくれていたという行為自体が、自分のために時間を割いてくれているという嬉しさにつながるわよね」

「なるほど、ママ。そういう例って、さっきのお医者さんの話じゃないけれど、身近なところでもけっこうあるわ。例えば、友だちから旅行のお土産をもらうとき、『あっ、これわざわざ私のためのお土産を買ってきてくれたんだ』ってわかるときがあって、そういうのは普通にお土産もらうよりもすっごく嬉しい。だって、旅先で私のことを思い出してくれて、私が喜ぶ姿を想像して、それで旅行の貴重な時間をそのお土産を買うことに割いてくれたわけでしょ。そういうことがあると、その友だちのことをホント、大好きになるわ」

「美香の言う通りだね。僕なんかも雑談で、最近体の調子が悪いなんて話を何気なくしたら、先輩が、わざわざ調べてくれて、体によさげなものを買ってきてくれたことがあったんだけれど、やっぱりこの先輩に対しては、特別な思いを抱いたものなあ」

この後しばらく利他に関するお互いのエピソードを紹介しあって、場は盛り上がりを見せた。頃合いを見て、ママが「これで誠実の五要素は全部ね」と言って、完成した五要素の図を全員で眺めて確認した。

「もちろん他にもいろいろあるから、これがすべてでベストというわけではないけどね。

誠実の五要素

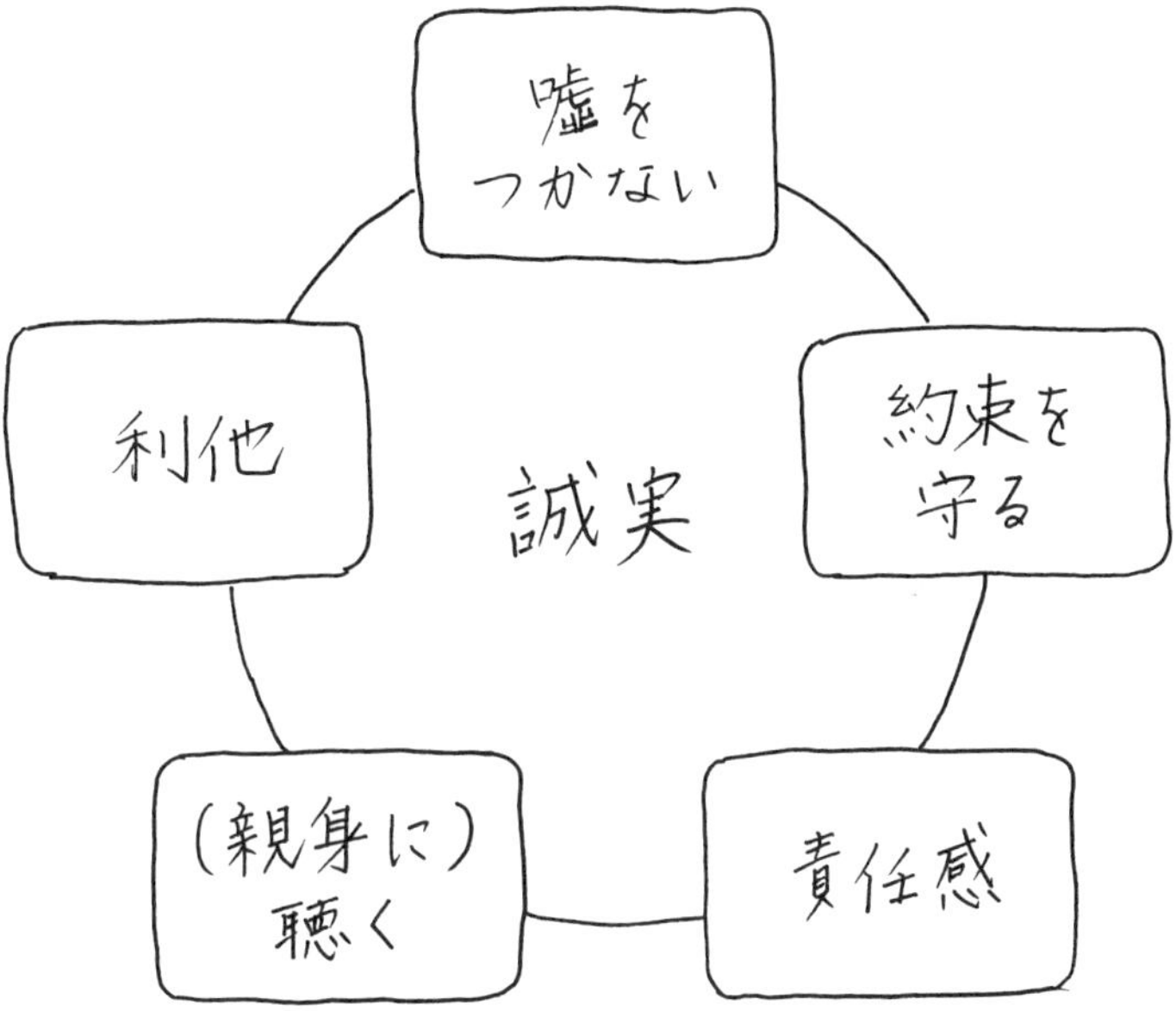

例えば、皆さんが自分の体験から導き出してきた『**言行一致**』というのも『誠実』にとって大切よね。言っていることとやっていることが違っている人の言うことを受け入れることはできないわ。チームメンバーに向かって『もっと協力して仕事をしろ』と言っているリーダー本人がじつは『非協力的』な人だとしたら、その気になるわけがないわよね。

でも、リーダー本人が誰よりも協力を率先垂範《そっせんすいはん》していたら、この人に誠実さを感じて、自分たちもそうしないといけないな、と思って行動が変わるでしょ。

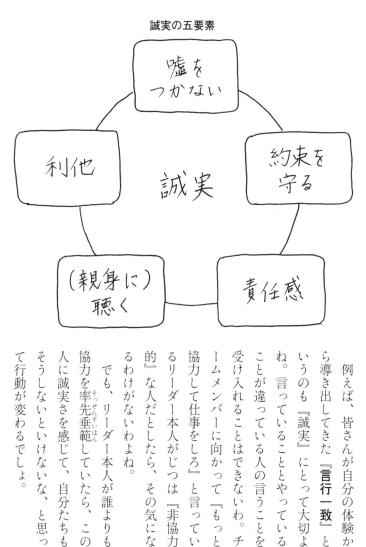

『ブレない信念』というのもいいわよねえ。信念がどこにあるのかわからない人や、コロコロとご都合主義で信念が変わる人は、その人の誠実さがどこにあるのか見えなくて信頼できないわよね。

だから他にもあって今の五つで完成というわけではないと思うのよ。でも、あまり数が多いと頭に入ってこないから、私にとっての五つに整理したのよ。ぜひ皆さんも、自分にとって大切な五要素を見つけて頂戴」

三人とも納得した様子でうなずいた。

ママは、バーテンダーに言って水を一杯持ってきてもらった。それを美味しそうに飲んで、喉を潤してから、少し続きがあるのと言って、話を始めた。

「私はね、こうした信頼関係の構築を、

『信頼貯金』

って言っているの」

「信頼貯金ですか」

聞きなれない言葉だったので高野が繰り返す。

「そう。上司と部下、もっと言うと、人間は向き合っている相手に対して信頼という貯金箱を心の中に持つの。例えば、高野さんの心の中には、私の名前が書かれた貯金箱がある。私の心の中には高野さんという名前が書かれた貯金箱がある。相手の心の中の自分の信頼貯金箱の中に、どれだけ貯金ができるかということね。たくさん貯金ができている人は、信頼残高が多いから、相手もいろいろ自分に協力してくれるでしょうし、こっちの話も聴いてくれるでしょうね。逆に信頼貯金が少なければ、相手はこちらに協力しよう、話を聴こうという気持ちにはならないでしょうね。

この貯金の硬貨や紙幣の代わりになるのが、嘘を言わない、約束を守る、責任感、聴く、利他といった誠実の五要素になるの。これを日頃、まわりの人の信頼貯金にコツコツと積み立てる。そういうことが、いざという時に効いてくるのよ」

「なるほど。信頼貯金。いい言葉ですね」。高野が深くうなずいた。

佐藤がふと時計の針を見ると、すでに二一時を過ぎていた。月曜日で他の曜日よりも空《す》いているとはいっても、店はこの後バータイムに入り、二次会で飲みに来るお客さんが増えてくることが、常連客の一人として予想された。

店に迷惑をかけてはいけないと思い、佐藤は声をかけた。

「よし、そろそろいい時間になったので、『信頼貯金』といういい言葉を、今日の最後のお土産にして、また続きをやろう」

高野、牧村も同意し、今日のところは解散にして、一週間後の同じ時間にママ塾を再開することにした。

第12章 四つの感情スイッチ② 達成感

この日は天気が良く、日中は汗ばむくらいの陽気だった。予定時刻よりも前に到着した佐藤は、カウンターに座るなり生ビールを注文して、グビッグビッと喉を鳴らして一気に飲んだ。

時刻になると高野と牧村も姿を見せた。さすがに今日は二人ともビールから入った。

ほどなくしてママが現れ、この一週間の三人の様子を訊いた。

三人とも、前回のママ塾で学んだことを、いくつか実際に始めてみたという。

「もちろんまだ目に見える変化や成果はないですけれども」という声は三人共通だったが、人の心の変化、行動の変化がそんなに簡単に起きるはずがないとすでにわかっている三人は特に焦ることもなく、「継続ですね」という言葉でまとまった。

「さて、じゃあ先週の続きから始めるか」という佐藤の掛け声をきっかけに勉強会が始まった。

「前回は、四つの感情スイッチの一つ目、『信頼感』についてのお話まででしたね。なので、今日は感情スイッチ二つ目からですね。ママ、よろしくお願いします」

牧村がママにバトンを渡した。ママは、はい、じゃあ始めるわねと言って、カレンダーの裏紙に

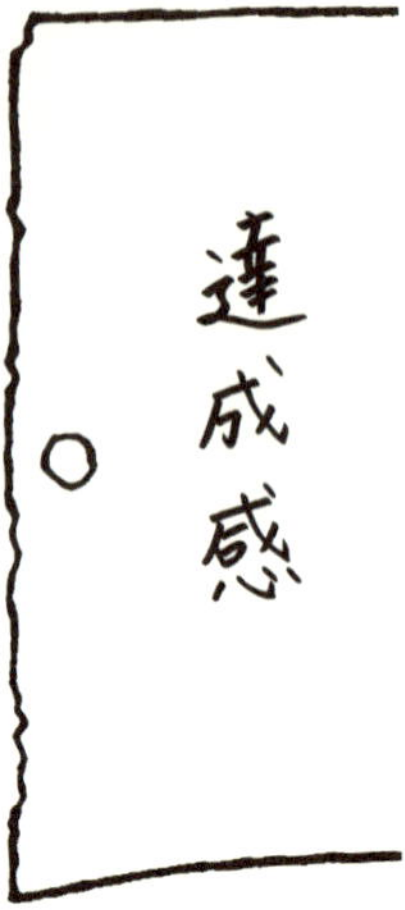

と書き付けた。
「リーダーが、二つ目に大切にして欲しい感情スイッチ。それが『達成感』よ」
「人はパンのみにて生くるものに非ず、って言うからな」

「そうよね。お金はもちろん大切だけれど、仕事ってお金という物質的なことだけでなく、精神的な充足があると、もっと素晴らしいものに変わると思うの。その精神的な充足にとって大切なことが『達成感』という感情なの」

うんうんと三人はうなずいて聞いている。

「例えば皆さんは、今から言う二つのうちどちらのほうにより強く達成感を感じるかしら。

一つは、『人からやれと言われたことをやったとき』。

もう一つは『自分が考えたことや、自分の工夫をとり入れてやったとき』」

「僕は後者のほうが強い達成感を感じます」と高野。

「私もそうかな」

「俺も、どっちが強いと言われれば、間違いなく後者のほうがやりごたえがあるよ」

「そうね。ほとんどの人が、後者のほうがより強い達成感を感じると言うわよね。だって、その仕事には『自分』というものが投影されているわけだから。

『自分』が仕事に投影されると、『この仕事は自分の仕事だ』という気持ちも自然に高まる。そうなると、その仕事に対する主体性や、その仕事に対しての責任感も強くなるわ」

「そうですね」と高野が同意する。

ママはニコッと高野に微笑んで、「じゃあ、高野さん」と呼びかけた。

いきなり自分の名前が呼ばれて、高野はハイッと、少し緊張した面持ちで返事をした。

「高野さんは、上司として現実的にどっちのマネジメントが部下に対して多いかしら。理想ではなくて、今の現実だと……」

そう来たか、という顔をして高野は答えた。

「前者ですね。指示して、僕の言うことを言う通りにやってもらうほうです」

「あら、どうしてかしら。自分は任せてもらって考えたり工夫をしたりしてやる後者のほうが仕事の達成感を強く感じて嬉しいというのに、部下に対してはどうして前者のマネジメントが中心になってしまうのかしら？」

高野は返答に詰まって黙るしかなかった。いつもは佐藤がこの役を引き受けることが多かったのだが、今回は自分だった。佐藤が、やられたなという目配せでニンマリと高野を見た。

そのやり取りを見てママは「ごめんなさいね。意地悪したみたいで」と笑ってから、再び真顔になって話を続けた。

「そうなのよ。これが現実なのよ。人は、自分の場合は任せてもらって、自分の考えや工夫を存分に入れてやった仕事のほうが達成感を強く感じる。

でも、いざ**リーダーになると、部下を自分に従わせたいという気持ちや、失敗したくないという気持ちから、任せるよりもあれこれ自分が指示したことを指示した通りにやらせようとしてしまう**。この前も、少し似たようなお話をしたと思うけど、正解を知っているのは自分だと思い込んでいるから、そのほうが安心できるの。

これはある種、本能がやらせてしまうことだけど、部下側の達成感という観点からすると、あまり良くないやり方ね。

たまに部下の主体性や責任感を問題にする上司がいるけれど、仕事に『自分』が投影されていなければ、人は主体性や責任感なんて持つわけがないわ。**指示通りのことばかりやらせておいて主体性や責任感だけ部下に求めるのはお門違《かど》い**ね。

だから、本気で部下の主体性や責任感を引き出したいと思うのだったら、『仕事を部下に与える』という役割行動では、上司がもっと意識して自分自身をマネジメントしなくちゃダメ。

達成感の源は、仕事の中に『自分』が投影されていることよ。そうすることで、主体性や責任感もより強く引き出される。

そのためには、仕事の出し方をもっと意識して、そこに部下自身の『自分』が投影されるような『任せ上手』になるように、上司が自分のやり方を変えたほうが得策なのよ」

佐藤がママの話を受け取って言った。

「俺も任せ下手だからなあ。高野さんのことは全然笑えないし他人事ではないよ」

「え〜、私も不安だなあ。できるかなあ。私どうなっちゃうだろう……。ねえママ、何か任せ上手になるためのいい方法ってないの？」と、牧村がまたもやママを上手に引っ張り出した。

そうねえという顔をして、ママは「じゃあ、これ、皆さんちょっと考えてみて」と言って、二つの言葉を紙に書き付けた。

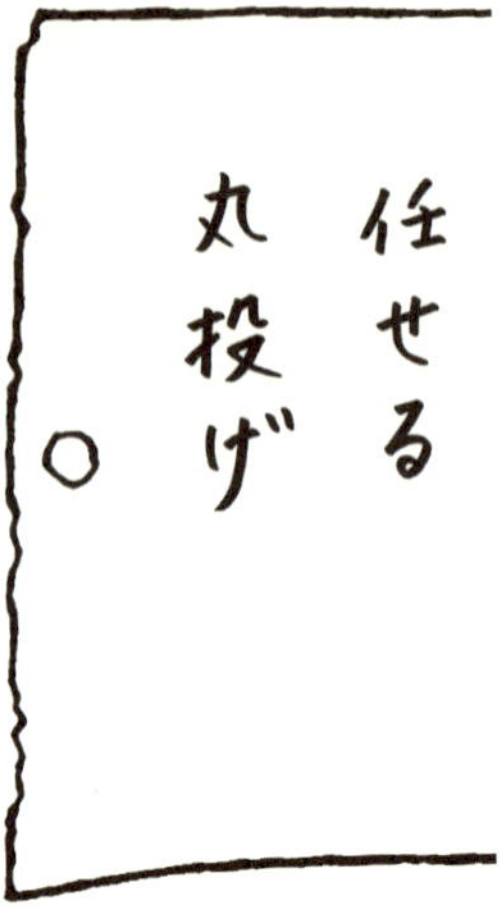

「『任せる』と『丸投げ』。これ、どちらも、仕事をそっくり渡すという行為としては同じじゃない。でも、部下からすると、『任せてもらった』と意気に感じるときと、『丸投げさ

れた』と不服に感じるときがあるわよね。

　ではどんなときに『任せてもらった』になり、どんなときに『丸投げされた』になるのか、その違いを考えてみてくれる？」

　ママは三人に即興のワークショップを課した。

「え〜、何だろう」と牧村が声に出す。

　高野はこめかみに手を当てて考え始めた。佐藤は腕組みをして目をつぶった。

　まずは高野が口を開いた。

「やっぱり、どこを目指すのか、何が達成基準なのかといった**ゴールを明確にしてもらえると『任された』という感じになります**ね。逆に、とりあえずこれやっておいてというような感覚で上司自身もゴールイメージがあいまいなまま渡されると『丸投げされた』って感じになるかな」

　それを聞いて、佐藤はなるほどそういうことか、と問いに対する解が頭の中でイコールでつながった感覚を得た。

「確かにそうだよねえ。それと近いかもしれないけれど、**その仕事の目的や理由の説明がしっかりあるものは『任された』と感じる**。しかし、『俺もよくわからないけれど上から降ってきたことだから』とか、『つべこべ言わないで、いいからやって』みたいな感じで、目的や理由がよくわからないまま渡されると『丸投げされた』って感じにならない？」

「なりますねえ」。高野が賛同する。

牧村も頭の中で問いと解がつながったようで、思い浮かんだ意見を言った。

「じゃあ、こういうのもありません？　あなただからお願いしているとか、あなただったらできると思うから、みたいに、**私を頼りにしているんだという上司からの期待を感じると『任された』と感じませんか？**

その逆に、やってくれるなら本当は誰でもいいみたいな雰囲気を感じると、『丸投げされた』って気にならないですか？」

「今の美香の意見に近いかもしれないけれど、**自分のことを考えてくれて成長機会になるような仕事を渡されたときは任されたと感じる**けれど、誰でもできるようなことや、いつものマンネリ化したような仕事ばかり渡されると丸投げされている感じが僕はするなあ」

牧村、高野の意見にうなずきながら、佐藤も自分の考えを述べる。

「俺が思うに、『任された』と感じるのは、仕事を渡されたあとも上司は知らんぷりではなくて、『あの件、今どうなっている？』なんて**進捗確認をしっかりしてくれたり、仕事の出来に対してフィードバックをしっかりしてくれる場合**じゃないか。つまり、その後もちゃんと関心を持ち続けてくれているかどうか。

逆に、『丸投げ』のほうは、仕事を渡したが最後、全然関心がなくて、相談しに行っても『あ〜、あれ君に任せたことだから君のほうでやっておいて』だったり、最悪なのはどういう仕事を渡したかすら忘れている場合だよね」

あるある、と言って高野も牧村も手を叩いて爆笑した。

「やっぱり、大切なのは**任せたと言いながらも、上司自身がじつは自分の考えはしっかり持っているということ**ですよね。考えは持っているけれど、自分ではなく誰かにやってもらって経験してもらおうという場合は『任された』になると思うんですよ。こういう人は、**相談しに行けば、ちゃんと役に立つアドバイスをくれたり、一緒に考えてくれる**もん。けれど、『丸投げ』する人は、ノープランじゃないですか。だから、相談しに行ってもさっきのように『君に任せたことだから』と言って逃げたり、相談しに行くんじゃなかったというようなアドバイスを返してきますよね」

牧村の意見に、まったくだと言って、佐藤、高野が強くうなずく。

「あとはあれじゃないですか。本当に任せてくれる上司というのは、**任せたと言いながらも、最終責任は自分が負う覚悟が見えます**よね。けど、丸投げする人に限って、成功したときだけ自分の手柄にして失敗した場合は部下の責任にしますよね」

「高野さん、よほど例の件、上司に恨みを持ってるね」と佐藤が茶化す。

「任せる」と「丸投げ」の違い

任せる	丸投げ
□ ゴールが明確	■ ゴールがあいまい
□ 仕事の目的や理由の説明がある	■ 仕事の目的や理由が不明瞭
□ 部下への期待の言葉がある	■ やってくれる人なら誰でもいい
□ 部下の成長機会として考えてくれた仕事	■ 誰でもできる仕事、マンネリ化した仕事
□ 進捗の確認がある	■ その後、関心なし
□ フィードバックがある	■ フィードバックはない
□ 上司自らも、考えは持っている	■ 上司はノープラン
□ 最終責任は上司がとる覚悟	■ 成功は上司のもの、失敗は部下のせい

「そんなことないですよ」と言って高野は、おおげさに両手を大きく振る。

そのしぐさがおかしくて、皆で笑いながら、佐藤が「じゃあ、一回まとめようか」と言った。

そして、ここまで出てきた「任せる」と「丸投げ」の違いを紙に書き出した。

「なるほど、具体化してみるとこういうことか」

紙を見ながら佐藤がつぶやいた。

「任せるとか丸投げってふだんよく使っているけれど、抽象的な概念で終わっていて、こうやって、中身を議論したことはなかったですね」。高野も頭の中がスッキリした感覚だ。

「具体化すると、自分がどういうことを意識して行動すべきかが、わかりますね」。そう言って、牧村がママを見た。

ママは、三人に向かって拍手を送った。

「皆さん本当に素晴らしいわ」

「いや、これもママのおかげだよ。今の議論も面白かったよ」

「そうね。いい議論だったわね。

でもこれでわかるわよね。任せ上手になりたいのだったら、左の『任せる』に書いてあるコミュニケーションを意識する習慣をつけるということね。

人に仕事を渡すときは、『ゴール』を明確に伝えること、『目的や理由』をきちんと説明すること。そして、ちゃんとその人の『成長』を考えたり、その人への『期待の気持ち』を伝えること。

それから、仕事を渡したあとも『進捗確認』や『フィードバック』をしっかりやること。

それ以前に、人に渡す前に自分でもその仕事についての考えを巡らせて、相談があったら、きちんとしたアドバイスをしたり、一緒に考えることができるようにすること。

そして何より、**任せたから自分は知らないではなく、その最終責任は自分にあるという覚悟を持つこと**。だからこそ、任せたことが成功するように、任せるときには、今話をしてきたようなプロセスをしっかりと実行すること」

議論をすることで、具体的にとるべき行動が見えてきて、三人は充実感に満ち溢れた顔をしていた。

その様子を見て、ママはいいタイミングかも、と思ってカウンターの下に忍ばせておいた一冊の本を取り出した。

『ニワトリを殺すな』
ケビン・D・ワン
幻冬舎

テーブルの上に置かれたその本のタイトルを佐藤が口にした。

「**『ニワトリを殺すな』**」

「ママ、何この本?」牧村が尋ねた。

「これはね、私が昔、スタッフに仕事の『達成感』を持ってもらうためにはどうしたらいいんだろうって、悩んでいたときに読んだ本。今でも、この本のタイトルの『ニワトリを殺すな』という言葉を、自分の戒めにしているの」

「へえ。でもこれタイトルだけだと何のことかよくわからないですけど、どういう意味なんですか？」

予想通り、牧村が突っ込んでくる。

「これはね、本田技研工業の創業者の本田宗一郎さんをモデルにした寓話なの。本田さんが小さい頃にニワトリを飼っていて、それを観察していると、ニワトリはけっこう残酷なところがあって、傷ついた仲間がいるとそれを寄ってたかってつついていじめたり、ひどいと殺しちゃうこともあるそうなの」

「え～、意外」

「それでね、それを本田さんは自分が会社経営をするときに、ご自身の大切な戒めにしたそうなの」

「ニワトリと経営？　それはどういうつながりがあるんですか？」

「つまりね、傷ついたニワトリ、これを『挑戦したけれど、うまくいっていない社員』にたとえたの。挑戦したけれど失敗した、そういう社員を上司がつついてなじるようなことをやったらホンダは成長が止まってしまうぞ、未来がなくなるぞ。ニワトリを殺すような会議をしてはいけない、ニワトリを殺すようなマネジメントをしてはいけない。そうやって経営をされていたというのね」

「そういうことですか」。高野は合点がいった。

「そうなの。例えば、自分の身に置き換えて考えてみて。もし、自分が顧客や仲間のことを考えて、『もっとこうしたほうがいいかな』ということに挑戦した。あるいは慣れていないことや初めてやることに挑戦してみた。

けれど、**新しいことなんて最初から簡単にうまくいかないじゃない**。想定外のことが起きたり、要領がまだよくわかっていなかったり。思い通りにいくことのほうがむしろ少ないわ。

でも、そういううまくいっていない状態を取り上げられて、どうなっているんだとばかりに一方的になじられたり、怒られたり、あるいはサポートを引き上げられて一人でやれみたいなことになったら、どう感じる？」

「嫌になっちゃいますよね」と高野。

「牧村さんは？」

「私も嫌になっちゃうし、**こういう上司だったら、もう挑戦するのはやめておこう**と思います。だって、挑戦するだけ損だもの」

「そうよね。そんな気持ちになって、挑戦をやめちゃうわよね。で、怒られないように上司の言ったことだけやっておけばいいや、いつも通りのことだけやっておいたほうがいいや。そのほうが無難だ、ってなるわよね」

三人ともうなずいている。

「でもね、怖いのは、その影響を受けるのは一人じゃないってことなの。部下というのはけっこうよく観察していて、一人の人間がそうやってニワトリ殺しにあっているのを見ると、他の人もみんな、自分も被害者にならないようにって、挑戦をするのをやめ、上司の言うことや、いつも通りのことだけを粛々とやるような組織になるの」

「想像がつくなあ。うちの会社は今、ちょうどそんな感じになっているからなあ」

佐藤が苦々しくつぶやいた。

「こうなってしまうと、新しいものが社員から出なくなって、会社の未来は失われてしまうわ。私、これを読んで反省したの。

昔、店で会議をやってもスタッフから手があがらないから、『どうしてみんな意見がないんだろう』って思っていたときがあったの。それで『情けないなあ。やっぱり自分以外は頼りにならない』と思って、全部自分がアイデアを出して、それをやってもらう日々だったの。そのときのお店は、正直言って覇気がなかったし、売上も思うようにあがらなかったわ。スタッフも辞める人が出てきた。

でも、この本を読んで気づいたの。**意見がないんじゃなくて、私がニワトリ殺しをやっていて、それで意見が出てこないん**だって。

そうなのよ、毎日働いていて、仕事の問題点に気づかない人や、もっとこうだったらいいのになあ、と考えない人なんていないの。**誰もが問題点に気づいていたり、改善案を持っていたりするの。それを引き出すのがリーダーの仕事**なのに、私はそれを封印させてしまっていた。何をやっているんだろう私は、って反省したの」

「今のママのきっかけにもなった本なんだ」

「そうなのよ。例えば佐藤さんが指示してもいないのに、自発的に問題提起してくれたり、お客さんや仲間のことを思って、もっとよくするための意見を言ってくれる部下って、佐藤さんにとってどんな存在？　余計なことをする邪魔者？」

「いや、宝物だね」

「そうでしょ。そういう部下は宝物なの。その宝物を自分の手で壊してしまうのが、ニワトリを殺すマネジメントなのよ。だから、私は、これを戒めの言葉として大切にしているの」

「いいですね、ニワトリを殺すな。任せるのがうまくできていない僕にとっても貴重な言葉です。僕も、大切にします」。高野がママにそう誓った。

「うん。いい言葉だ。俺も気をつけるようにする」

「私も」

全員がテーブルに置かれた一冊の本に目を向け、噛みしめるように、そう言った。

第13章

四つの感情スイッチ③　不安感

「じゃあ、達成感についてはここまでにして、そろそろ三つ目の感情のスイッチに進みましょうか」

「了解」。三人がそろってこたえた。

ママは、カレンダーの裏紙に、

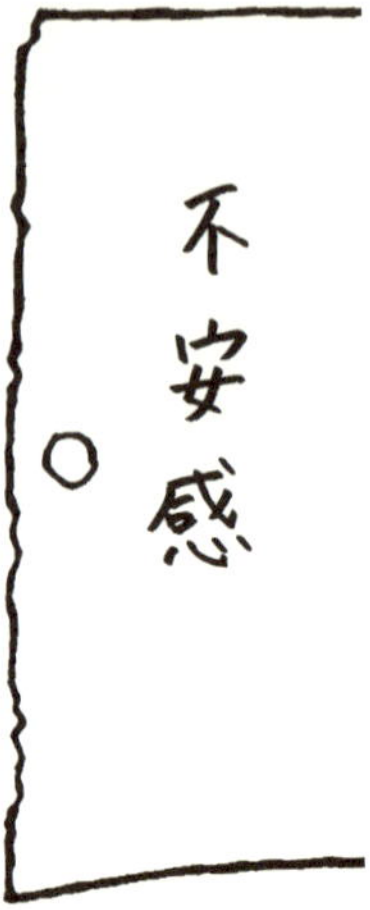

と書き付けた。

「三つ目の感情スイッチ、それは『不安感』ね」

ビールを口にしながら、三人はどういうことだろうという顔をして、ママの次の言葉を待った。

「今の時代、『不安感』に対するマネジメントがとても大切になっていると私は考えるの。どうしてだと思う?」

高野はすぐに答えようとしたがとどまって、自分がまっ先に口にするのを控えた。すると、少しの間をおいて牧村が自分の考えを話し始めた。

「それは、変化が大きくて速い時代だからということが関連しているんじゃないでしょうか。だから、未来が見えないというか、本当に今やっていることが正解にたどりつくのか見えない。この先どうなっていくかということも見えてこない。もちろん収入もそうです。そういう不安が仕事をしていても日常的にあるような気がするんですよ」

「そうね」、と言ってママがうなずこうとすると同時に、「それに……」という牧村の言葉が重なった。

ママは牧村に、続けて頂戴というしぐさをした。

「それに、その不安って、仕事だけじゃないんですよね。例えば、結婚とか、育児とか、介護。これも今の時代、女性だけでなく、男性も同じ問題を抱えていますよね。それから、会社の先輩や友だちの話を聞いていると、子供の学校でのいろいろなこととか。あと、自分や身内が病気になったときとか。そういったことも、社会環境がどんどん変化してきて、いろいろ不安なことが仕事以外の場面でも増えていると思うんですよ」

「そうだよなあ。俺なんか、自分の会社がおかしなことになっちゃって。この先、会社がいったいどうなってしまうんだろうっていう不安がつきまとっているものなあ」

「同感ですね。言われて思ったのですが、僕の場合だと、ここ一年くらい、毎日何か気にかかることがあってスッキリしないですね。いつも何かしら考え事が頭の中で渦巻いている状態が続いていますね。自分が管理職になったという環境変化がそれに影響しているんだろうなあ、とは感じていますけどね」

それぞれが、それぞれの「不安」を口にした。

「そうなのよ。人ってやっぱり、初めての経験をするときや、複雑な状況や深刻な状況、あるいは見通しが立ちにくい状況におかれたときには『これって、どうしたらいいのか』という不安を抱く生き物なの。特に、今の世の中みたいに変化が激しくて、そのスピードも速いと、そういった不安になる状況が生まれやすい、その状況が続くことも多い。**不安**

の常態化とでも言ったらいいのかしら。

だから、今の時代、不安感というのは、マネジメントにおいて、軽く扱ってはいけない、とても重要な感情になっているのよ」

三人がうなずいて聞いていると、ママが紙を一枚めくって、そこに大きな字で、

靴中の小石とり

と書いた。
どういう意味だろうと、三人とも不思議そうな表情で、ママの顔を見た。
「これはね、さっきの『ニワトリを殺すな』と同様、私が日頃、自分への戒めにしている言葉なのよ」
そう言ってからすぐに、「どういう意味？　って顔でみんな見てるわね」と言って笑った。

「そうよね。じゃあ、説明するわね」

三人は、小さい子供が、親から絵本を読み聞かせてもらうときのような顔で、ママの話に耳を傾けた。

「みんな今、靴を履いているわよね。あたり前だけれど。じゃあ、高野さん」

「はい？」

「高野さんは、靴の中に小さな石が入っていたら、どう？」

「やっぱり、歩きづらいなあ、って思いますよね」

「そうよね。例えば高野さんが駅からこの店まで歩いてくるときに、『小石が靴の中で足にあたって歩きづらいなあ』と思って、道端で靴を脱いで、靴を振って出したとするわ。でも、おそらく通行人は、高野さんのやっていることなど気にも留めないわよね。せいぜいその様子をチラ見するだけで、通り過ぎちゃうでしょうね」

「間違いないですね。他人がやっていたら、僕も同じ反応すると思いますよ」

「そうなのよ。そういうことなのよ。他の人にとっては気にもならない、高野さんの靴の中の小石。だけど、高野さんにとっては歩きづらい小石。これ、どういうことかわかる？」

笑顔でママは、高野に問いかけた。

「はい、もうわかりました」

さすがよね、という顔をママがして、高野が、つまり……と言いかけたところで、佐藤が「ちょっと待って高野さん、俺もわかったから、たまには俺にもいい格好させて」と言って、高野にストップをかけた。

ママも高野も牧村も笑った。

ゴホンと咳《せき》ばらいを一つして、佐藤は自分が理解したことを話し始めた。

「これはだなあ、靴中というのは心の中のことで、小石は不安のたとえだ。つまり、誰にだって心の中になにがしかの不安がある。その人にとっての不安は、他の人にとってはたいしたものではないかもしれない。だけど、その人にとってはそれがあることで前に進みづらい。だから、自分の尺度でたいしたものじゃないからと言って、軽く扱ったり、馬鹿にしてはいけない。そんな感じのことを言いたいんじゃないかな」

ママが大きく目を見開いて「佐藤さん、一〇〇点満点！」と言って、佐藤の手を両手で握った。

佐藤は嬉しくもあり、照れくさくもありという感じで、顔を赤く染めた。

「まったくその通りよ。人の心の中には、いろいろな形、いろいろな大きさ、いろいろな色の、不安という名の小石が入っている。百人いたら百様よ。

いったいどんな形、大きさ、色の小石が入っているのか、まずはそこに関心を持ってあげて欲しいの。そしてそれをわかってあげて欲しいの。決して、そういうことに無関心でいたり、自分の尺度に当てはめて、たいしたことないと言って軽く扱わない。そういうことが、リーダーにとって大切なのよ」

「わかります。僕の同期で今三歳になるくらいの子供がいる奴がいるんですけれど、そいつの上司が彼に対して『何だ子供のことで悩んでいるのか。何、三歳？　俺のときはなあ』という話で始まって、『まあ、結局は過ぎてしまえばたいしたことないから』なんて言われたらしくて。その場では『あ〜、そうですか、そんなものなんですねえ』と返事しておいたけれど、あとから『あんたのときとは状況が違うよ。一緒にするなよな』って、僕に愚痴をこぼしていました」

「そうよね。ひょっとしたらその上司の人と、高野さんの同期の人では、奥様の状況や、ご両親の状況が違うかもしれないし、仕事や周囲の状況も違うかもしれないわよね。それを、自分のときはたいしたことなかったからと言って軽く扱われたら、いい気持ちはしないわよね。そうしたこと一つから、部下の人は、この人は自分のことを理解しようとしてくれない人だ、この人にはついていきたくないな、という気持ちが芽生えるかもしれないわよね」

続けて牧村も言った。

「仕事でもそうですよね。俺の時代は、私の時代はと言われても、『はあ、そうですか』と思うだけで、何の不安解消にもならないですよね。逆に、この上司は私のことを本気で見てくれないなあ、理解しようとしてくれないなあって、不満になりますよね」

聞いていて、佐藤は我が身が気になってきた。

「でも、俺はもしかしたら鈍くて、そういった人の心の小石に気づかないかもしれない。ママ、何か気づくコツがあったら教えて欲しいんだけど」

「そうね。大きく言って三つあるかしら。一つは、まずは**部下から見て相談しやすい人になる**ってことよね。そうすると、部下のほうから、何が不安なのかを知らせてくれるから」

「相談しやすい人かあ。俺にはチャレンジだなあ。どうしたらそうなれるかな？」

「うん。だから、こういうところで、**日頃の挨拶**が大切になってくると思うのよね」

「なるほど」

「それから、やっぱりこの前も出てきた、**聴く姿勢**ね。結局自分の話のほうが長いとか、パソコン見ながら、スマホ見ながらではダメよね。聴くときはきちんと聴くという日常の姿勢が、こういうときに問われるわよね。**ふだん耳を傾けて聴いてくれない感じの人に、不安なことを相談しには行かない**もの」

佐藤だけでなく、高野や牧村もメモをとっている。

「あと、**相手に心をオープンにしてもらおうと思ったら、まずは自分のことをオープンに**しなくちゃ。管理職になると部下にいいところを見せようと思って、成功した話しかしない人がいるけれど、逆よね。失敗の話をしたほうが、部下にとっては親近感がわくし、近寄りやすさが出てくるわよ。

いいところを見せようとするから、部下に相談しない上司もいるわよね。でも、これも逆で、部下に『これ、どう思う』とか相談してみたほうがいいのよ。例えば、牧村さんは、上司から『これ、牧村さんはどう思う?』って相談されたらどんな気持ちになる?」

「けっこう、嬉しいかも」

「そうでしょ。どうしてそう感じるの?」

「そうですね。『あっ、自分頼りにされているかな』って思うからかな」

「そうでしょ。そうやって心の距離を近づけたほうが、部下のほうからも自分が相談したいとき、相談しやすくなるというのはわかるでしょ」

三人とも、まったくだなあという表情でうなずく。

「だから、相談するときも、部下を呼びつけるのではなくて、上司のほうから部下のところに行って、尋ねたほうがいいわよ。高野さん、これはどうしてだと思う?」

「やっぱり、自分のところにわざわざ来てくれたということは、自分を頼りにしてくれているということを、より強く感じるからだと思うんですけど」

「素晴らしいわね。その通りよね。どうかしら。だいたいイメージできたかしら。こういうことが、自分をオープンにするということなのよ。

相談しやすい人になるためには、他にも大切なことがあるわよ。例えば『**笑顔**』ね。いつも仏頂面《ぶっちょうづら》している人には、やっぱり相談しに行きにくいわよ」

「俺、ときどき、佐藤さんは顔が怖いって言われるんだけど」

「ははは、そんなことないわよ。でも、たとえ顔が怖いタイプの人でも、顔の造りは本質的な問題じゃないのよ。どんなお顔であろうと、笑顔かどうかのほうが大切なの。イケメンでも笑顔の一つもない人だと、やっぱり相談しにくいでしょ」

「そう言ってくれて、ありがとう。自信が出た」。佐藤がニヤッと笑った。

「それと、**相手の話をまずは『肯定』する習慣**ね。『だけどさあ』とか『わかるけどさあ』とか『それは違うと思うんだよね』とか『否定』から入る人がいるじゃない。それは変えないといけないわよ。自分の話を初めから否定されて、面白いはずがないもの」

「なるほどなあ。納得だよ、実行してみる。ちなみにママ、二つ目、三つ目のコツもこのまま続けて教えてくれる?」

「そうねえ。次は、実際に**部下が自分から相談しに来てくれたら、その瞬間を大切にする**ってことね。じつは、部下のほうから上司に相談するって、意外と勇気がいる行為なのよ」

「それ、私はまだ部下しか経験していないのでよくわかります。こんなことを上司に相談しても大丈夫かなとか、けっこう考えます」

「そうでしょ。だから、そういう勇気を持ってきてくれたときは最大のチャンスよ。そういうときほど、**『真の不安はどこにあるのかな』ということを想像して、丁寧に話を聴くようにすること**が大切なの。どうしてだか、牧村さんはもうわかるわよね」

「はい。そういうときって、最初からストレートに、一番心の根っこにあることを伝えることは少ないです。最初は探りを入れるというか、様子を見るみたいな感じのところから入っていくことのほうが、現実としては多いと思うんです。私自身そうだし」

「そうよね。そういうときに、丁寧に話を聴いてもらえないとどうする?」

「あっ、今日はダメだなと思って、撤退します」

「そして結局、本音のところが聴けないことになるのね。こうして、本当は拾い出さなくてはいけなかった、一番大切なことに気づけなかったりするわけ。そして、表面的な部分で問題をとらえてしまって、『まあ、あの程度だったら大丈夫だろう』って、上司が勝手に高をくくってしまうと、じつはけっこう重たい話が隠されていた、なんてことは意外とあるのよ」

「そういうことかあ」。佐藤は深く納得した表情を浮かべた。

「よく、**『結論から言え』というでしょ。あれは半分あっていて、半分間違っているのよ**」

ママはあっけらかんと言った。

「え〜。そんなこと研修でも一回も聞いたことないよ」

佐藤は驚きの声を出した。

「確かにね、プレゼンテーションや提案する場合は、結論から言うというのが正しいわ。だけど、なんでもかんでも一律ではなくて、**不安、悩み事の話は、じっくりと遠回りしながらじゃないと、なかなかうまく話せないことが多いの。遠回りしながらゆっくりと心の奥にあることへと向かっていくの。それが普通の人**なの。そういう普通の人の心をもっと理解してあげないと。

それを勘違いして、なんでもかんでも結論から話すべきだと思い込んで、部下が不安や悩みの話をしているのに、言いたいことの結論が見えてこないからイラッときて『君、話があるなら結論から言いたまえ』なんて言うから、『あっ、もういいです』と撤退されてしまうのよ」

「オーマイゴッドだなあ。完全に一律に扱っていたよ。だから、『えっ、そんなこと考えていたの』とか『どうして、前に話を聞いたときに、そのこと打ち明けてくれなかったの』というように、初めて知ってビックリすることが、俺はときどき起きるのか」

もしかしたらそうだったのかもしれないわね、という声を心に収めて、ママは優しい目で佐藤を見た。そして、相手の不安に気づくための三つ目のコツについて話を始めた。

「もう一つ大切なことは、やはり**部下のことを意識してよく観察すること**ね。例えば朝礼のときとかね。あれ、今日はいつもと違って何か元気ないなとか。最近一人でいるときが多いなとか。あれ、最近珍しく凡ミスが続くなとか。そういう**シグナルを見過ごさないようにすることね。そういうときに、タイミングを見てちょっと声をかけてみる**のよ。そうすると、そこには、まだ表に出ていない心の小石があることに気づくことができたりするわ」

「ママ、小石とりっていうくらいだから、気づくだけでなく、やっぱりその小石をとってあげる、つまり何か問題解決してあげることが必要なんですよね」

牧村が尋ねる。

「そうね。上司として自分ができることはないのか、と考えてあげることが必要よね。一緒に取り組むということもあるかもしれないし、その問題解決に役に立つかもしれない情報を与えてあげるだけでもいいかもしれない。なんでもかんでも上司が問題解決する必要はなくて、その問題解決に役に立つ人を紹介してあげるとか、場合によっては、ただ聴いてあげるということが一番いい処方箋になることもあるわよね。方法はいろいろよ。

ここで**一番大切なことは、聴いたことを受け流さない、**ということ」

牧村は深くうなずいて、自分が就職したときの最初の先輩のことを思い返した。そして、「部下から聴いた悩みを受け流さない」。そうメモに大きい字で書き付けた。

第14章

四つの感情スイッチ④　効力感

「では、いよいよ最後。四つ目の感情スイッチの話に入りましょうか」

そう言って、ママは再びカレンダーの裏紙に文字を書き入れた。

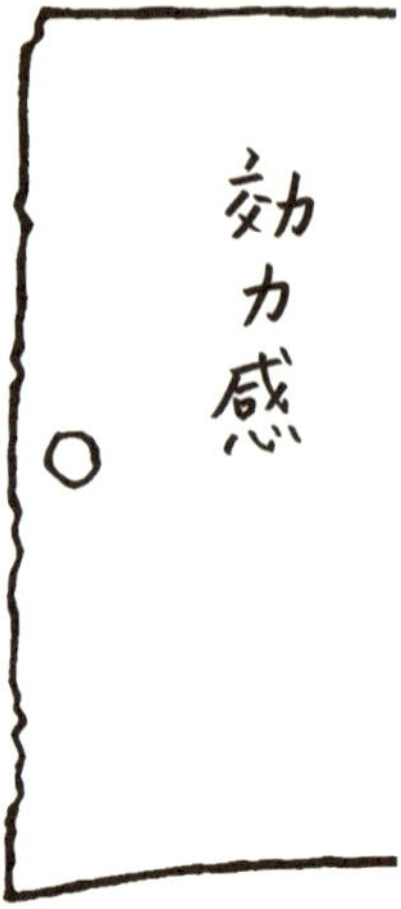

「この『効力感』というのは、言いかえれば『手応え感』ね。自分が言ったり、やったこ

とに対して、周りから嬉しい反応が返ってきた、そのときの『よしっ！』ていう小さなガッツポーズが心の中で生まれる感触、そんな感情のことね。『嬉しい。オッケー自分』みたいなものかしら」

「ありますよね。自分がやったことに対して、相手が喜んでくれたり、自分の意見が受け入れられたりするとどこか嬉しい気持ち。心が元気になる瞬間」

高野がすぐさまママに同意を示す。

「そうだなあ。確かに、そういう反応をもらうと、『自分は役に立てているんだ』とか、『頑張るといいこともあるぞ』という気持ちになって、何かやる気もわいてきたり、もっと相手のためにやってあげようという感じになるなあ」

自分のことを思い返しながら佐藤が言った。

「逆に、自分が言ったり、やったことに対して周りが無反応だったら、どんな気持ちになる？」ママが尋ねる。

「スルーされるんでしょ。それは寂しいです。けっこう、心で泣くかも」

そう言いながら牧村は、悲しんでいる表情をした。

「そうでしょ。例えば、職場がそんな感じだったら、気持ちはどうなっていくかしら？意見を言ってもスルー。何か協力をしても周りは無反応。頑張ったことがあっても、誰か

ら も何の反応もない」

「きついですよ、それは。『自分の存在って何？』とか、『自分がここにいる意味って何？』とか、『何、この人たち？』って思っちゃいますよね」

「そうよね。効力感が得られないと、『なんだかなあ』という気分になってしまうわよね。でも、気をつけないといけないのは、自分の行為に効力感が得られず、そういう気分が重なると、だんだん人は自分が所属する集団に対してある感情の変化が生まれるのよ」

「どんな変化ですか」と高野が尋ねる。

「それは、ひとことで言えば、『愛せない』って感情が作られていくの。自分が所属する集団、例えば自分の家庭が愛せない、学校が愛せない、職場が愛せない、社会が愛せないって。そういう感情が膨らんでくる。

そして、『愛せない』っていう感情形成がされると、今度は行動変容が生まれるのよ」

三人は固唾をのんで、次にママから出る言葉に耳を傾けた。

「それは何かというと、自分が所属する集団に対して、『能動的に貢献する、という行動の減退』ね。例えば、学生時代、学校のことが大好きだと、頼まれなくても勝手に文化祭を盛り上げようとするけれど、愛せなくなったらそんなことはしないでしょ。

職場でも同じよね。愛していれば、自分から積極的に協力して何かをやろうとするでしようけど、愛せなくなったら、そんな気持ちは失せるわよね」

「確かに」と佐藤が大きくうなずく。

「お客さんをたくさん見てくると、わかることがあるの。それは、この効力感が得られない状態でずっと放置されると、人は二つのいずれかの行動へ走るリスクが高まるみたいって」

「それはどんなことですか」。高野が真剣な面持ちで尋ねる。

「一つはね、『そうか、自分は自分が所属する家庭、学校、職場から愛されていないんだ。だったら、自分は消えてしまえばいいいんだ』という行動ね。例えば家庭だと家出、学校だと登校拒否、職場だと離職というのは典型的な行動じゃないかしら」

三人とも深刻な表情をして聞いている。

「もう一つは？」佐藤が尋ねる。

「もう一つはね、こんな自分のことを愛してくれない家庭、学校、職場なんてどうなったっていいや、とか壊れちゃえばいいやなんていう行動ね。家庭や学校だと暴力に表れることがあるし、職場だと無気力社員やテキトー社員になったり、いつも不満ばかり職場にぶつけてくる社員になったりする場合もある。最悪な場合は、横領とかの犯罪に走ることにもなりかねない」

「それは、よく理解できますね」

高野は真剣な顔つきで、コクリとうなずいた。

「結局、人間は社会の中で生きているわけでしょ。家庭だって、学校だって、職場だってみんな社会。だから、そういった社会の中で生きるにあたって、**効力感という感情はとても大切で、人が、自分が所属する社会の中で生き生きと生活したり、生き生きと学んだり、生き生きと働くために欠かせない、ビタミンみたいな感情**なのよ」

「ママ、それでリーダーとしてどうしたらいいんだろう？　何か難しいことを勉強したり、トレーニング受けないとダメなのか？」

特別なことが必要なら俺は無理かもしれないという不安な顔を佐藤はしている。

「そうね。一緒に働く社員の人たちに、効力感というビタミン感情をリーダーはどうやって与えたらいいのか。大切なことよね。

じつはね、それには何か特別な勉強もトレーニングも必要はないのよ。皆さんが、あたり前にできること、それを自分の習慣として大切に実行できる人になれば、それでいいのよ」

「えっ、それは何なのママ？　もったいぶらずに教えて」

佐藤がせっつく。ママは笑っている。

「一つはね」と言って、紙をめくって文字を書いた。

「感謝？」佐藤が拍子抜けするような声で読み上げた。

「そう。感謝。簡単に言えば、相手に対してしっかりと『ありがとう』という言葉を伝えることよ。協力してくれた人がいたら『ありがとう』だし、頑張ってくれた人がいたら『ありがとう』だし、何か気を利かせてくれた人がいたら『ありがとう』だし、報告しにくいことを報告してくれた人には『ありがとう』だし、それをしっかりと言葉で伝えることよ」

「感謝だったら、俺も、ママが言うようなことをしている奴には、心の中ではありがたいなとは思っているけどね」

佐藤は、それくらいだったら俺はできているというような面持ちで言った。

「思っているだけではダメなのよ。しっかりと言葉にしているかしら？」

「いや、それはさあ、部下に面と向かって言うのはちょっと恥ずかしいし、まあこっちもプライドがあるっていうの？　気持ちはあるけれど、それくらいでありがとう、と言うのもなんだかなあと思うところもあるし。まあ、言わなくても、俺が感謝していることくらいわかるよなあ、察してくれよなというところもあるんでね」

「そこなのよ」とママが真顔で言う。

「特に、まさに佐藤さんたちから上の世代の人たちが気をつけたほうがいいことなのよ。日本企業がまだまだ『日本人×男性×正社員』モデルでやっていた時代に生きてきた人たちね。同一集団で同一価値観だから、言わなくてもわかるよねという意識がどこか頭の隅にあると思うの。だけど、今のような多様性の時代では、その意識だといい方向にはいかないの。**ハッキリと言わないと自分の気持ちは伝わらない**と思ったほうがいいわね。『ありがとう』と思ってくれているのか、『あたり前』くらいにしか思っていないのか、黙っていたら本当の気持ちはほとんど伝わらないと思ったほうがいいわよ」

そこへ牧村がすっと手をあげて、発言の機会を求めた。

「そうだと思います。私の前職の最後の上司も言葉にしてくれない人で、自分がやったことに対して上司がどう思ってくれているのかわからなくて。自分は評価されていないのかなと、ずっと思っていました。

でも、私が退職する日に、その上司が私のところにやってきて『牧村さんのこれまでの貢献には感謝しているよ。ありがとうね』と言ってくれたんです。最後の最後にそういう言葉が聞けたのは嬉しかったけれど、だったらもっと早く言ってくれればよかったのに、そうしたらひょっとしてまだ退職しなかったかもしれないのにと思って、何か複雑な気持ちになっちゃいましたね」

ママはうなずきながら聴いていた。そして、キリッとした表情をして話を続けた。

「感謝の話からは少し外れるけれど、下の人に対する『俺の言いたいことはわかるよね』という意識というのは、根底にあるのが相手に対する上から目線意識であったり、それが度が過ぎたときの支配的意識からくるものなの。

危険なのは、**支配被支配の関係にある場合、相手はプレッシャーとともにその言葉を聞くので、忖度《そんたく》して、極論に飛びつきかねない**ということよ。

その結果、例えば上司は、『自分はそのつもりで言ったわけではない』ということを、部下は違う解釈で受け止めてしまって、不祥事にいたるような思いもよらない行動をしてしまうといったことが起きるの。そうなったら後の祭りよ。企業で不始末があると、『自分はそんな指示をした覚えはありません』という上司が出てくることがあるわよね。確かにそういう指示は具体的にはしていないのかもしれないけれど、そう部下に受け取らせるような言動を日常からしてしまっていたとしたら、言ったのと同罪だわね」

「確かに、コンプライアンスの問題が起きると、そういう会見になることがありますね」

高野は頻発してやまない、改竄《かいざん》問題、偽装問題などの事件を思い出した。

「そう言えば、どこかの大学の運動部でも似たようなことが起きましたよね」と牧村。

「そうなのよ。上司として指導者として、それはリーダーとしてとても恥ずかしいことで、強く反省しなくちゃいけないことなのよ。そして私たちにとって一番大切なことは、それを批判するだけではなく、他山の石として自分が気をつけるようにすることよね。

リーダーシップというのはやっぱり、人がついてきたくなる状態を作ることであり、それをもってして初めて『リーダー』と呼ばれる価値があるということね。

それとは異なり、**権力や権威、あるいは威圧の力を使って人を従わせるのは、リーダーシップではない。それは単なる『ボス』に過ぎないわけで、『リーダー』とは呼ばない。**

そういうことを肝に銘じないと、同じようなことはまた起きるわ」

「**リーダーとボスは違う**」

高野が噛みしめるかのように、ママの言ったことを繰り返した。

「うん。その人がリーダーだったのかボスだったのかは、役職を降りたあとに一番わかるわ。**リーダーだった人は、役職ではなくその人自身の魅力に周りはついていった**のだから、たとえ役職を降りても多くの人がその人に集まってくるわ。

でも、**ボスだった人は、その人ではなくその人の持っている力に従っているに過ぎなかった**わけだから、役職を降りたとたん、人が離れていき寂しくなるわ」

会社の中のこれまでの人たちのことを思い出して、佐藤は思わず苦笑した。

「ちょっと話が脱線しちゃったけれどね」

ママの魅力的な笑顔は、厳しい話のあとの緊張した空気を魔法のように溶かす。

「じゃあ、話をもう一度、感謝に戻すわね。私が感謝ということで他に感じることは、成果主義の時代になって、『仕事なんだからやってあたり前』『成果は出してあたり前』という風潮が広がったことも、職場で感謝を口にしなくなっている一因になっているということね。

例えば、仕事でトラブルがあって、その対処を佐藤さんが一週間頑張ってやったとする。なんとか問題解決をして、金曜日の夜にパソコンを閉じて帰ろうとした。そのときに、上司が『お疲れ様。今週一週間大変なことをよくやってくれたね。助かったよ。ありがとう』と言ってくれた場合と、ひとこともなく、ただパソコンをぱたんと閉じて黙って家に帰った場合。どちらの職場のほうが、またこうした問題が起きたときに頑張ろうと思える？　どちらの上司についていきたいと思う？」

「間違いなく前者。自分に感謝を伝えてくれたほうだね」

佐藤は言われてみればその通りだよなあと、噛みしめるように言った。

「そうよね。そりゃあ、**問題解決するのは仕事だから、言ってみればやってあたり前のことだけれど、やっぱり感謝の言葉があったほうが嬉しい**わよね」

「おっしゃる通り」

佐藤はすっかり観念したように両手をあげた。

「では、佐藤さん。大手柄をあげたときだけが感謝に値すると思うのではなく、こうした日常の中の頑張りや協力的な行為にも感謝を伝えることを、今はどう思われる?」

心なしか佐藤をいじるとき、ママは楽しそうだ。高野と牧村もそれに気づいているので、笑ってその様子を見ている。

「はい、大切だと思いますよ」

そう言ってから佐藤は、「あ〜、もうママ勘弁して。わかった、わかりました。ものすごくわかりました。強烈に反省してます。今後改めますから」と言って、頭をカウンターにこすりつけるしぐさをした。

それを見た皆は爆笑した。ママは笑いすぎて涙を浮かべながら、よしよしというふうに佐藤の肩を軽くポンポンと叩いた。

「ごめんなさいねえ佐藤さん。何か私、佐藤さんには、ちょっとSっ気が出ちゃうみたいで。でもね、人間って不思議だなあって思うの。人は感謝して欲しいから困っている人を助けたり、誰かに協力したりするわけじゃあないでしょ。純粋に大変そうだから手を貸そうとしたり、頑張ったりするわけじゃない」

「普通はそうですね」と牧村が相槌を打つ。

「なのに、協力をしたり、力を貸したときに、相手から何のひとこともないと『なんだかなあ』とちょっと空しい気持ちになるじゃない。**ありがとうが欲しくて手伝ったわけではないけど、ありがとうの一つも返ってこないと、ちょっとイラッとする**ものを感じない？」

「あります、あります」。牧村は今度は大きくうなずいた。

「そしてそういうことが何回かあると、牧村さんだったら、その人に対してどういう気持ちになるかしら？」

「『もういいかなあ』って。その人から頼まれても、忙しいからとか言って体よく断ったり、何か困っている感じがあっても『自分でやれば』ってわざわざこちらから手を貸しに行くことはなくなっちゃうと思います」

「そうなのよ。残念だけど、そうなっちゃうのよ。だから、私、自分のスタッフにも言うのよね。他の人が自分に協力してくれないって悩んでいるスタッフがいると、『ちゃんと周りに感謝を言葉にして伝えている?』って。『誰かが何かをやってくれたり、教えてくれたりしたときなんかに、しっかりと感謝を伝えている?』って。そうすると気づく子はハッとするわ。そして反省して、しっかりと周りに感謝を伝えられるようになると、いつの間にかまた人から協力が得られるようになっていくのよ」

佐藤は、これは佐藤が深く考えるときの癖なのだが、腕組みをして目を閉じて黙ってうなずきながら聴いている。

「あとね、これは別に佐藤さんに限らず、多くの人がそうなんだけれど、人は身近であればあるほど、その人に対してテレがあったり、〝やってくれてあたり前感〟を感じやすいの。それで、自分から近い人ほど、感謝の言葉を伝えにくいっていうのもあるのよ。

例えば、お客さんとか、お取引先さんには、『ありがとうございます』ってちゃんと言えると思うの。だけど、**部下や同僚などの身内の人には、意外と言えなくなっちゃうところがある**のよね。テレとあたり前感から」

「確かに、そういう一面は僕の中にもあります」と高野。

「身近と言えば、俺は部下に対してもそうだけれど、自分のカミさんやオフクロ、オヤジにはまったく言えてないな」と言って、佐藤は頭をかく。

「そうよね。誰にもそういうところはあると思うの。だけど、自分が困ったときに一番頼りにできるのは身近な存在のはずよ。職場で言えば、部下や同僚。こういう人たちの力を借りなければ、たいしたことはできないのよ。でも、もしかしたら一番感謝を伝えていない相手になっているかもしれないの。だから、意識して感謝を伝えるようにすることが大切なの。意識して伝える。それくらいの気持ちでやらないと、テレとあたり前感に負けて、結局、心の中で思っているだけの人になってしまう可能性があるの」

三人にとってママの話は新鮮だった。

〝感謝は、身近な人にこそ、逆に意識して伝えるようにする。そうしないと意外と言えていない状態になる。本当は一番力を借りなければいけない人たちなのに〟

このことをそれぞれが自分の教訓として記憶にとどめた。

「じゃあ、感謝の話はこれくらいにして、もう一つ『効力感』に効くビタミン剤の話をするわね」

そう言って、いつも通り紙にキーワードを書き付けた。

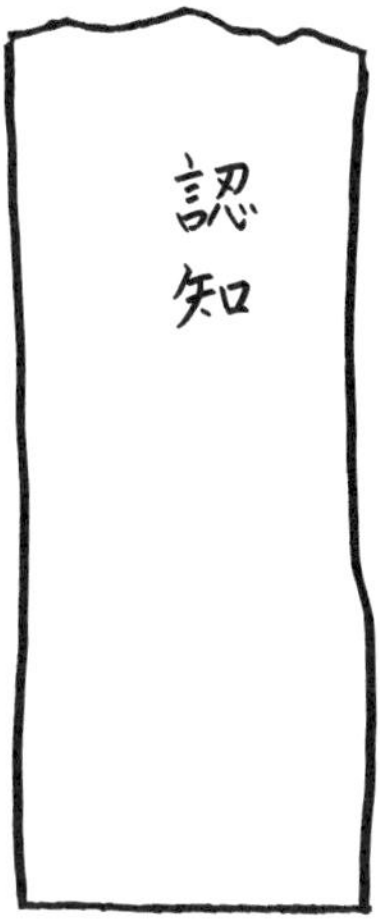

とある。

「私がここで言う**認知というのは、相手のいい所やいい事を見つけて認めてあげること。**つまり、そのいい所やいい事を褒めてあげたり、それが活きる職務機会を作ってあげるということよ」

「とにかく褒めろ、ってこと？」佐藤が訊く。

「う～ん、それとはちょっと違うわねえ。そういう意味ではなくてね……」と答えようとしたところに、牧村が「いい所というのは、長所のことですか？」とかぶせてきたので、まずはそちらに答えることにした。

「そうね。いい所というのは、確かにいわゆる長所なんだけど、長所っていうと何かすごい能力っていうニュアンスがない？　だから、私はそうじゃないよっていう意味であえて、いい所と言っているのよね。長所っていうと突出した能力みたいなイメージがあったりするから、人によっては『自分には長所がない』と自信喪失につながったり、上司でも『部下の長所を見つけろと言っても、そんなに特別に秀でたものがある奴は少ないよ』となったりすると思うの。

もちろん、中にはものすごいアイデアマンというのもあるかもしれないけれど、そういう**特別な人の特別な所だけでなくて、例えば『笑顔がいい』とか『丁寧』とか『あきらめないでやる』とか『フットワークがいい』とか『凝り性』とか『明るい』なんていうのも、いい所**じゃない。一人ひとりが持っているそういった所を見つけて認めるということを伝えたいのよね」

「わかりました。そうしたら、いい事というのは？」

「うん。いい事というのも、何も成果ばかりの話ではないよということが伝えたいのよね。それもあるけれど、むしろ、頑張って何かをできるようになったとか成長したとか、あるいは人のために力を貸したとか気の利いたことをしてくれたとかいう、そっちのほうの事を伝えたくて、あえて成果と言わず、いい事と言っているの」

牧村の質問に答えながら、ママはここで自分が伝えたいことをいつも以上に丁寧に説明することが大切だと考えた。

「そもそも認知っていう言葉が、皆さんがふだん使うときと違うでしょ。認知って、一般的には、子供を自分の子だと認めるというときに使われたり、認知症のように、物事が正しく認識できているかどうかというときに使われる言葉よね。でも、私は、あえて意図があって、認知という言葉を、相手のいい所やいい事を見つけて認めてあげるという意味で使っているの」

「どういう意図ですか？」さっそく高野が訊く。

「それは、さっきの佐藤さんの質問の答えにつながることでもあるの。さっき佐藤さんが、『とにかく褒めろ、ってこと？』と訊いてくれたでしょ。私はそうじゃないということを伝えたくて、認知という言葉を使っているの。

まず、自分のことを認められて嬉しくない人はいないと思うの。そして、自分のことを認めてくれる人のことを人は好きになると思うの。牧村さんはどう？」

「そうですよね。私も認められれば嬉しいし、認めてくれる人には好意を持ちますよ」

「そうでしょ。だから、認めるという行為は、相手との良い感情関係を形成するうえで、大切な行為であることは間違いないの。でもね……」

そう言って、ママは三人に問いかけるように話の続きをした。

「じゃあ、そのためにはなんでも褒めればいいの？　例えば、自分がたいして頑張ってやったわけでもないことや、努力をしてもいないことを褒められたりして嬉しい？」

「いや、まあ私は嬉しくないですね」

「僕だとそうされると、何かこの上司、裏でもあるのかと逆に疑ってしまいますね」

「俺も疑問だな。そこじゃないよってところを褒められても、逆に馬鹿にされている感じがしない？　見てないなあ、この人って思うし。下手したら、その人のことを舐めてかかるようになるんじゃないかな」

三人の意見を聞きながら、ママは自分が確信していることは間違いないと思った。

「そうなのよ。そこなのよ。**認めることはとても大切。だけどなんでもかんでも褒めればいいわけではない**。頑張っている所、努力した所、その人の本当にいい所、相手のためを思って頑張った事、そういった所をちゃんと見てあげて、見つけ出してあげて、それを知ったうえで、認めてあげることが一番大切なのよ。

だから、私は、**相手のことをよく『知り』、そこを『認める』ということ**を大切にして欲しいと思って、あえて『認知』という言葉を使っているのよ」

「なるほど、そういう意味か」。佐藤が大きくうなずいた。

「だったら納得いく。俺は、何となく、最近の褒めればいいみたいな風潮に疑問を感じていたんだ」

「一番大切なことは、褒めるという行為よりも、『何を』褒めるかということですね。そして、正しくその『何を』をつかむためには、相手をよく見て、よく『知る』ということが欠かせないということですね」

高野がいつものように整理する。

「そうね。その『何を』というとき、しつこいようだけれど私は結果や成果だけでなく、それ以外の、その人のいい所やいい事にもっと上司は着目すべきだと思うの。つまり、行動やプロセスみたいなところも、ということかな」

「どうしてママはそう考えているんですか？」高野が尋ねた。

「人はね、認められたことを記憶し、認められたことを再現しよう、守ろうとするところがあると思うの。そうすると、**結果だけが褒められるのだとしたら、とにかく結果を出すことだけに人は固執**《こしつ》**するようになる**と思うの。それはもちろん決して悪いことばかりではないけれど、二つのリスクをはらむ可能性も高まるんじゃないかと考えるわけ」

「どんなリスクですか？」

「一つは、**結果のためには手段を選ばずというリスク**ね。結果至上主義に走ると、コンプライアンスの問題やルール違反を犯してまでも結果をとりにいくという行為が組織で生まれやすくなるの。

もう一つは、**挑戦をしないで、達成しやすい目標設定を選択するというリスク**ね。挑戦をすると結果が出ない可能性も出る。だったら、結果が出るか出ないかわからないことに取り組むよりも、結果が出やすいことに取り組むという意思決定に陥りやすくなるの。それが組織単位で行われるようになると、挑戦しない組織になって、長い目で見たら世の中から遅れてしまって結果が出ないという皮肉なことになるんだけどね」

「これ二つとも、今のうちの会社そのものだよ」。佐藤が目を丸くした。

「だから結果にだけ着目するのではなく、例えば『よく粘って、あそこまで頑張ったね』とか、『みんなが黙っているときに君が勇気を持って意見を言ってくれたことが今のいいムードにつながっているよ』とか、『あのとき君の協力があったからこそ、ここまでこられた』とか、その人のいい所やいい事といった行動やプロセスを褒めるべきだと思うの。

そうすれば、人は褒められたことを記憶し、再現し、守ろうとするわけだから、その人は今後、どんな状況でも、粘り腰で働いたり、勇気を持って意見を言ってくれる人になったり、協力的な人になっていってくれる可能性が高まるわ。このほうが、いい行動を身につけた人が育つ組織になると思わない？　高野さんだったら、どっちの組織で働きたいと思うかしら？」

「もちろん、今ママが言ったほうですね。結果だけでなく、行動やプロセスの良いところも見つけて褒めてもらえるほうが、自分の存在意義を感じやすいですしね。

結果だけが大切な組織だと、結果を出せるのであれば、別に自分でなくたって誰でもいいんだという感じになるんじゃないかと思います。

もちろん、仕事ですから結果を出すことが一番大切だということはわかっています。しかしそれは、言われなくても、働いている人は誰でもわかっていることだと思うんですよね。**結果を出す大切さはわかっているけど、本当に結果以外は無関心という扱いを受けると、自分の存在意義は何だろうと、考えてしまいますね**」

高野の言葉は、頑張っている割には効力感を得られず、どこか元気がないように見受けられる昨今のビジネスパーソンの心を代弁しているかのように聞こえた。

少しの間があって、それから牧村が別の質問をした。

「ママ。『何を』、ってこと以外に、『どう』褒めるかっていうところにも何か大切なことはあるのかしら」

「いい質問ね」。ママはニコッとした。

「私の経験上は、『どう』褒めるかといったところは、それほど重要ではないと思っているの」

「えっ、重要じゃないんですか？　私、リーダーになるから、褒め方のトレーニングを受けないといけないかなと思っていたんだけど」

「ごめんなさい。誤解させちゃったかもしれないわね。褒め方なんてどうでもいいという、そういうことを言っているわけではないのよ。もちろん笑顔でとか、そういうのはあったほうがいいわよ。でも、しつこいようだけれど順番を間違えちゃいけないということなの。一番大切なことは、やはり『何を』のほうなの。相手のことを知って、ここだ、というところを褒めることがまず最優先なの。それが押さえられていれば、褒め方が言葉巧みでなくても、例えば親指だけ立ててグッドジョブというポーズを相手に見せるだけで、相手は認めてもらったってことが伝わると思うの。別に口が上手でなくてもいいのよ。

それを、順番を間違えて、『何を』をしっかり押さえないまま、褒め方の技術に走っても、相手からすると、あまり嬉しくないというか、心に届かないのよね。だから先に『何を』を、押さえることができるようになって、それをさらに効果的に伝える方法として、良い褒め方を身につけられるようになるといいわよね」

「俺は、口下手だから褒めるのができないと思っていたけれど、そうか、別に口のうまさはそれほど関係ないってことか。少し安心した」

「私も、よくわかりました。順番あってのことだっていうことは、大切にしたいと思います。そのうえで、あくまでそのうえで、ですけど。ママが大切にしている褒め方ってありますか?」牧村の好奇心がママにはあまりにも微笑ましく感じられてニッコリした。

「そうねえ。自分がこれだけは意識しているということをあげるとすれば、しっかりとフィードバックをするときは、できるだけ『**具体的に褒める**』ということかしら。例えば『良かったよ』とか『A評価ね』ではなくて、どこが良かったのか、何が良かったのかを具体的に伝えるということね。このほうが、相手も納得感があるし、何より、自分のことを本当にきちんと見てくれているという感情が生まれやすいと思うわ」

牧村は自分が持ってきたノートにメモをとった。

「それとね」

ママがさらに付け足した。

「褒め方ということで、今思い出したんだけど、『認め方』というのも大切にして欲しいのよ。**認めるということが話の中心になるけれど、褒めるというのは、『認め方』の一つであって、すべてではない**のよ。

最初に認知って書いたときに言ったと思うけれど、**その人のいい所やいい事を見つけ出して、それが活かせるような職務機会を考える、与えるというのも大切な認め方の一つ**よ。例えばこの人は、数字は得意でないけれど笑顔がいいなあ、という人に対して笑顔が活きるような仕事はないか、そこで活躍できることを考えてあげる、みたいなことよね。その逆もあるわよね。笑顔は苦手だけれど数字や細かいことはけっこう好きという人に対してとか。

リーダーは、職務機会を考えてあげることもできるのだから、こういったことに向き合うことも、大切な認知の取り組みだってことを知っておいて欲しいわ」

しばらく自分の書いたメモを読み返してから、高野は自分の理解が正しいのかを確認するかのようにママに尋ねた。

「ママ。最近、さっきも話題になった、とにかく褒めなさい、という風潮がある中で、職場においても、家庭においても、叱れないとか叱ってはダメだ、といったような受け取り方がされているところもあるように感じるんですね。

でも、本当に大切なことは、『とにかく褒める』という行為そのものではなく、『何を褒めるか』という内容だということですよね。だとすると、同じように、『とにかく叱ってはいけない』ではなくて、**『何を叱るか』が大切であって、それが押さえられていれば、叱っていい、いやむしろ、その『何を』が、その人の成長にとって重要なことであれば叱らなければいけない**という、そういう理解をしたのですけれど、それは、ママはどう考えますか」

やっぱり高野さんは面白い。もう一段深いところまで自分で考えることができる人だとママは感心した。

「私も高野さんの考え方に賛成よ。叱るべきときは叱らないと」

苦労を重ね、実践を繰り返し、店をこれほどまでの成功に導いているママに賛同してもらって、高野は胸のつかえが気持ちよくとれた。

「それを聞いて俺もホッとした。何か、職場の中で叱りにくい空気があって、少し息苦しさを感じていたから。ちなみに、『褒める』と『叱る』は何対何くらいが理想的なのかな。やっぱり五〇対五〇とか？」

「私は比率なんてないと思うわ」

「そんなうまい比率はないと……」

「あくまで私の実践を通じた意見だけれどね。

よく、一つ叱ったら一つ褒めるなんていう話も聞くけれど、それは観念的な話であって、現場や実践においては、そうじゃないと思うの。**『褒める』も『叱る』も、人を良い方向に導くためにやるわけでしょ。目的はじつは同じ。**だとしたら、その行為が相手の心に本当に刺さって、本人が自律的に意識や行動をいい方向に向けられるようにするためには、どうしたらいいかってことを考えればいいの。そのために、一番有効なのが一つ叱ったら一つ褒めるみたいなバランスの話だったら、それでいいけれど、私の経験的にはそうじゃなかった」

「ママの経験としては何が一番大切だった？」

「結局、**一回一回、真剣に向き合うことね。褒めるときも叱るときも、それをするときは、相手に真剣に向き合うようにするということ。あたり前だけれどこれに尽きる**と思っているの。今は何を言ってあげるときなのか。褒めてあげるべきときなのか、叱るべきときなのか。それを一回一回相手と向き合いながら、自分の頭で考えて判断して伝える。

正解はないけれど、それを意識してやることで、褒めるべきときと叱るべきときのコツを自分でつかんでいくの。そのために、自分の意識に常に働きかけることが肝心で、**感情のおもむくまま、あるいは、そのときの気分でやっている限り、褒め上手、叱り上手にはならない**でしょうね。意識をしていないと本当は失敗していても気づかない。そうすると反省も生まれないから、上達しなくなるの」

「そうか。俺はもっと冷静にならないといけないな」

「そう。リーダーに大切なことは『**ウォームハート・クールヘッド**』よ」

「ウォームハート・クールヘッド？」

「ええ。心は熱く、温かく。頭は冷静に、ってことね」

「おっ、いい言葉だね」

「そうよ。だから、**感情に支配されて大きな声をはりあげるとか、ののしるとか、嫌味を言うとか、挙げ句の果てには体罰だとか。そんなの全然叱っていることにならない**。それを叱っていると勘違いして、最近は叱れないと言っているのなら、叱れなくなって良かったと最近の風潮に感謝しなくちゃ。周りもただはた迷惑だっただけなのだから。

そういう人の中には、生徒指導や部下育成における数少ない成功体験で、自己正当化する人がいるけれど、その陰でどれくらいの人の心が折れたり、病んだり、道をあきらめたりしたかに気づいていないことが多いと思わない？

そもそも、その成功した人は、おそらくその指導者につかなくても成功するくらい優秀だった可能性が高くて、他の指導者についていたら、もっと成功していた可能性だってあったのに、と思えるの。

せいぜい理不尽な人とのつきあい方の学習になったくらいで、そんなことを、身をもって教えるのが上司や指導者と呼ばれるリーダーの仕事ではないわよね」

自分たちの学生時代や職場経験を思い出してみると、ママが指摘したようなタイプの指導者や上司が、三人とも頭に浮かんだようで、「いた、いた！」と言って、しばらく自分たちの苦い経験話の共有で盛り上がった。

こうやって笑い話にできる三人はまだ救われている。中には、笑い話では済まされない体験をした人もたくさんいる。店を営んで、いろいろなお客さんと接しているとそのことが手に取るようにわかる。

「褒める」「叱る」といった行為はどうあるべきか、指導者や上司と呼ばれる人に対する教育が日本の組織は遅れている。ママは小さいながらも経営者として、そして一人の大人としてもどかしさを感じていた。

三人の盛り上がりが一段落ついたところで、ふと牧村が尋ねた。

「ちなみにママってどういうときに叱るんですか？　ママを見ていると、あまり叱るイメージがわかなくて」

牧村さんならではの、また面白い質問をしてきたな、と心の中で思い、ママはこたえた。

「私はね、**これだけは必ず叱るって決めている基準があるし、それはスタッフにも必ず事前に説明をするの**」

「どんな基準ですか？」

「先週、『信頼感』のお話をしたときに出てきた、『誠実の五要素』よ。覚えている？」

「嘘をつかない、約束を守る、責任感、聴く。あとは利他、の五つですよね」

「そうよ。よく覚えているわね。素晴らしいわ。この五つに反したときは必ず叱るって決めているの。

例えば、自分のことばかりでチームメンバーのことを考えた行動をしないときはうちの店では利他に反するから叱る対象ね。お客様がご要望されたことに対して機械的・事務的に『できない』『ない』と心無い対応をしたときは、聴くに反するから叱る対象ね。注意不足の同じミスを何度も繰り返すときは、責任感に反するから叱る対象ね。こうやって具体的な例をあげながら、**誠実の五要素に反するときは叱る**し、他のスタッフも見過ごさないで叱るわよ、と伝えているの」

「それいいですねえ。でも、どうしてそうしているんですか？」

「やっぱり、この五つはスタッフ同士の信頼関係、お客様との信頼関係に大きく影響するからよ。**信頼関係が壊れると一緒に働けなくなる**し、お客様も二度と来てくれなくなるわ。だから、そうならないように、私たちが一緒に働くうえで、お客様商売をするうえでの基本的ルールにしましょう、ってことでそうしているの。

それにそうやって基準として明確にしておくと、私自身も感情や気分で叱る対象がコロコロ変わることがなくなるから、自分で自分をマネジメントする規律としても、とてもいいの。

店のスタッフにとっても、**最初から基準が理解できていると、なぜ自分が叱られるのか、叱られたときの理由もハッキリわかるし、もっと言うと、仕事をするときに始めから意識してやってくれるようになる**わ。だから、基準を明確にして伝えるようにしてからは、叱ることは少なくなった気がする」

「なるほど。いいですねえ。私、リーダーになったとき、それやってみたいと思います」

「逆に、ママがこれは叱らない、って決めていることってありますか」

この質問は高野からだった。それも面白い質問だとママは思った。

「あるわよ。一つは、『ニワトリを殺すな』よ。挑戦したうえでの失敗は叱らないわ。そして提案や意見を言ってくれるときは、どんな提案であろうと否定から入って叱ることはしない。むしろ歓迎、感謝をするわ」

「なるほど。そうやって実践していくんですね。他にもありますか」

「そうね、もう一つあって、それは、スタッフが能力的・技術的にまだ未熟だから合格点のところまではできない、というときね。

誰だって最初から合格点がとれるわけではないと思うの。経験して努力をしてきた結果、今があるわけよ。それを今できている自分の基準から見て、どうしてできないのと叱ったところで意味がないと私は思うの。自分がたどってきた道を忘れているし、そうやって叱るのは上司が自分の優越感にひたる以外の意味しかなくて、リーダーとしての仕事をしていないと考えるの。

リーダーの役割は、合格点がとれるように導いてあげることだから、こういう場面では叱ることよりもコーチングを大切にするわ」

「コーチングですか？」

「そう。ある人が初めてその仕事に取り組んだとき、例えば、一〇点満点として三点という結果になったとしましょうか。そのときには次に何点を目指そうかと目標を決める。この場合、例えば五点とれることを目標にしたとするわね。では五点とれるようにするためには、どうしたらいいかを自己分析して考えてもらう。十分な答えが一人で導き出せなかったら、どこかのタイミングで一緒に考えてあげるのもいいわ。そうやって五点に向けて努力する具体的な行動を決める。そしてそのために、上司として何かサポートできることがあれば考えるし、何かサポートして欲しいことはないかと訊いてみてもいいわね。そこまで決まると次は、いつまでにそれができるようになるか、という期日を決めてもらう。イメージになるけれど、だいたいこんな感じの向き合い方ね。

　どう？　どっちのほうが、その人がきちんとできるようになる感じがするかしら？　できていないことをただ叱るだけのほうか、向き合ってコーチングをするほうか」

「コーチングですね」

「そうよね。面倒だという人がいるけれど、結局急がば回れよ。**ちゃんとやらない上司に限って、相手が成長しないから無駄なコミュニケーションに時間がとられる**わけよ。そして苦労の割には成果なしで、結局その負荷を自分がやって補おうとするから、忙しさ地獄からその上司は抜けられない」

「また僕にとって耳の痛い話になりましたけれど、急がば回れができなかったのが僕の敗因の一つですから、おっしゃる通りです」

ママは、高野の反省を温かいまなざしで受け止めた。そして次のように話を続けた。

「部下をガミガミ叱るしか術《すべ》を知らない人の中には、こんなコーチングなんかしたら甘やかすことになるんじゃないかと反論する人もいるわ。でも、現実は逆よね。**叱っておとしめるだけだと、普通の人は自信を失ったり、そのことに対する興味を失っていく**わ。そうすると**叱られないように、上司のいるときだけ頑張って見せたり、あるいは自分で答えを出すのではなく、上司が指示してくれるのを待つような、悪い習慣のほうを身につけようとする**わ。

一方、コーチングのほうは、上司はサポートはするけれど、あくまでも部下が自己分析をして答えを自分で導けるように習慣をつけるわけよ。そうすると、問題にぶつかったときに自分なりの答えを見つけて突破しようとするような良い習慣、つまり自律的な行動が身につくようになるの。自分で考えてやってみたらできたという小さな成功体験が、本人に自信も与えてくれるしね。

結局**仕事というのは問題の連続だから、長い目で見たとき、どっちの方法のほうが対処力が高い人が育つか、**それはもう言わなくてもハッキリしているわよね」

「ママが前にも言っていた、私たちが対象とする人というのはほとんどが普通の人だし、普通の人をどうマネジメントするのか、そこを取り違えると、うまくいくものもうまくいかないよって、その話にも通じるわけだよね」

しばらく黙っていた佐藤が口を開く。

「ええ、そうよ、佐藤さん。もう十分、合格ね」

そう言って、ママが自分のワイングラスを佐藤に向けた。

ウイッスと、言葉にもならない言葉を発して、佐藤は自分のグラスをママのグラスに合わせて、カチンッといい音を鳴らした。

それに続いて、皆でまた乾杯しあった。ボトルに残っていたワインを、皆で分けあって飲んでいると、時計の針は今日もすでに二一時を回っていた。月曜日とはいいながら、例によって二次会の客がそろそろ回ってきて混み合ってくる時間になる。

「ママ、今日もありがとう。本当に勉強になりました」。牧村がお礼を述べた。

「僕からもお礼を言います。ありがとうございます」。高野は深々と頭を下げた。

「で、これから俺たちどうしようか」。佐藤は二人に投げかけた。

「やっぱり、ときどき会いたいですね」

牧村がこれで終わるのは寂しいという顔をした。

高野はしばらく考えた。そして言った。

「そうですね、三人で定期的に会うようにしましょう」。しかし、その後も言葉を続けて、「でも、ただこうして会って、ママからお話を聞くのではなく、ママにお礼をしましょう」と提案をした。

お礼なんていいわよとママは手を強く横に振った。

高野はニッコリ笑って言った。

「お礼と言っても、何かプレゼントを持ってくるということではなくて。ママに対するお礼、それは僕たちが、こうやって学んだことを実践して成長することだと思うんです」

「よく言った、高野さん、素晴らしい」

声を大にして佐藤はそう言って、高野の手を力強く握った。

「賢介、それすっごくいいアイデアよ。うん、そうしなくちゃ。話聞いて、勉強になった、スッキリした、のままでは、時間を割いてくれたママに申し訳ないわ。それに、何も変わっていなかったら、恥ずかしくて二度とママの店にこられなくなっちゃうし。いい、いい。やろう、やろう」

「具体的にはどうしようか」

「そうですね。僕たちも普通の人だから、欲張ったら最初の勢いだけで、長くは続かないですよね」

「そうだ。俺のあるあるパターンだ。燃えているときはいいけれど、あれもこれもやろうとして、結局中途半端に終わって挫折するパターン」

高野は笑って、僕もですよと言ってから続けた。

「では、学んだことの中からそれぞれが、まずは一つだけコミットすることを決めませんか。そしてそれを実行してくる。そのうえで次に会ったときに、実行してみてどうだったかということをお互い共有しあう。その場で、お互いに相談しあったり、アドバイスをしあったりする。それが習慣になってクリアできたと感じたら、次のコミットメントを決めて同じように続ける。一つだけだったら忘れないし、結果も検証しやすいので続けやすいと思うのですけど、どうでしょう」

「いいねえ」

「うん、私もいいと思う」

「じゃあ、さっそく何か一つ、それぞれコミットすることを今決めようか」

佐藤が提案すると、三人ともそれぞれが持参してメモしたノートを読み返した。

「僕は、やっぱり自分のど真ん中の課題である『任せる』かな。部下が自分の仕事にもっと達成感を持てるように『任せる』ことにトライしてみたいと思います」

「私は、リーダーをやるのは初めてだから、自分が新人のときにされて嬉しかったように、部下の『不安感』と向き合うことから始めます。よく聴いて、何が不安かを一人ずつきちんと把握して、それを解消してあげることを大切にすることにトライしてみます」

「俺は、一番課題が多い人間だけれど、その中でも一番できていない『感謝』から始めてみるよ。ママが言う通り、長く管理職をやっていると、テレとあたり前感から、感謝を口にすることが本当に少なくなっていると反省したし」

「いいんじゃない。楽しみにしているわ」

ママは三人のコミットメントを聞いて、三人がそれぞれ、自分らしいところから取り組んでみるということを嬉しく思った。

「じゃあ、頻度はどれくらいにする？」と佐藤が問いかける。

「短すぎると、実行の継続性も効果もわかりづらいし、長すぎてたるんじゃってもいけないので、どうでしょう、一ヵ月に一回というペースで会うというのは」

「賛成、大丈夫」と牧村が返事する。

「じゃあ、ＬＩＮＥでグループ組んで日程のやり取りをしましょうか。美香のはわかっているから、佐藤さん、ＬＩＮＥやっていますか？」

「おっさん舐めちゃいけないよ。普通にやっているよ」

佐藤とＬＩＮＥ交換して、高野は試しに、「よろしくお願いします」の絵文字を今作ったばかりのグループラインに送信して、お互いのライン通知を確認した。

「よし、オッケー」。佐藤がそう言うと、続けてママに向かって言った。

「じゃあママ、また次のときよろしくね。基本は、店の邪魔にならないように、俺たち三人でやっているから、ママは店に余裕があったらお願いします。二人ともそれでいいよね」

「もちろんです」と二人とも元気な声で返事をした。

佐藤はその声を確認してから、再びママの顔を見た。

「でも、ママ。俺はそのとき以外でも、ちょくちょく飲みに来るから。それはそれでよろしく」と佐藤はそう言って、ママと握手をした。

「私たちもですよ」と牧村が言って、ママの手を握った。店を出るときも、三人はバイバイと名残惜《なごり》しげに手をいつまでも振っていた。

第15章
素直さに勝る成長材料なし

佐藤、高野、牧村の三人はその後も約束通り月一回のペースで会い、実行報告を重ねた。

「じゃあ、今日は賢介から始めようか。どう、その後の『任せる』は？」

「そうだね。引き続き、僕たちが整理した、『任せる』と『丸投げ』の違いを意識して仕事の割り振りや依頼をするように心がけているよ。これを意識してやり始めて良かったことがいくつかあるけれど、その中でも大きいのは部下の仕事のゴールイメージを常に考えることが習慣になってきたことかな」

「部下の仕事のゴールイメージを常に考えられるようになると、どんな変化が生まれるの？　私、まだそこまでできていないから、教えてくれる？」

「こういう状態になったらいいよねとか、ここまでいったらゴールだよね、ということを僕もクリアに持ったうえで、部下とすり合わせをするでしょ。そうすると、たとえて言えば、登るべき山の頂上のイメージをお互いに共有している状態になるわけ。

それが共有できるようになってきたら、部下のやり方や提案を前向きに承認できるようになってきて、いちいち細かいことに口を出したり、僕のやり方、考え方に修正させたり、押しつけたりしなくなってきたんだよね」

「へえ。でも、なんでそうなったと賢介は思う？」

「登るべき山の頂上のイメージをしっかり共有できれば、間違いなく同じものを見ているという安心感が生まれる。あとは部下には、その頂《いただき》に到達してもらえればいい。その頂に到達するためのルートはいっぱいあって、別に僕のやり方、考え方というルートでなくてもいいわけだよ。

そう思えてくると、部下のやり方や考え方を聞いたとき、なるほど、そういうのも頂に行くうえではありだなと考えられるようになってきたんだ。その結果、口出しが減って、部下の意見を聞けるようになったんだ。

逆に、部下のほうも、僕のやり方や考え方に対して、なるほど、そういうのもありですねと、以前と違って納得して取り入れてくれるようになった感じがする」

「なるほど。面白いなあ。自分のやり方を押しつけたり、細かい口出しをするようなマイクロマネジメントを減らそうとしたら、じつは根っこの、**仕事のゴールイメージを最初にどれだけ徹底して共有するかがカギになってくる**というわけか。

確かに、ゴールイメージを考えるのも、腹落ちするまで共有するのも面倒くさいから、意外とそこをあいまいにして仕事渡すことって多いよな。でも、結局それが後々の面倒くささを引き起こすということか。勉強になるなあ」と佐藤が感心したように言う。

「いや、僕もまだちゃんとできているわけではないですよ」と言って、高野は頭をかいた。

「あとは、仕事の目的を必ず伝えるようにしたことも、良かったことですね。特に、僕の職場では事務職の人には、いい影響を及ぼしているみたいです」

「どうして事務職の人に良かったの？」牧村が尋ねる。

「うん。僕たちは営業の仕事でしょ。そうすると事務業務に対しては、これまでは『これやっておいて』とポンと作業だけ投げるようなことが正直多かった。事務の人も、それを受けて淡々と流れ作業で処理するみたいな感じでやっていたような職場だったんだ。

だけど、一緒に仕事をするパートナーなんだから、事務の人にお願いする仕事に対しても、これはそもそもどういう目的でやってもらう仕事なのかとか、仕事全体の話をして、その中の今ここのところをお願いしたいと思っている、というようにその仕事の意味付けをきちんと説明するようにしたんだ。それを僕だけでなく、今、営業部員全員に話をして、みんなが事務に対してそうやって仕事を依頼するように徹底させているんだ。

そうすると、事務の人の仕事のモチベーションも徐々に変わってきたみたいで、最近は事務の人から『ここ、こういう目的だったら、こうしたらどうですかね』なんていう提案が出てくるようになってきたんだよね」

「へえ、すごいね。目的や仕事の意味付けが、その仕事に対するモチベーションを変えるってことだ。これも俺の反省材料になるから、ちょっと意識してやってみるよ。特に俺たちの職場の場合は、派遣やパートの人に対して、そういう仕事の依頼の仕方ができていないから、そこを俺が取り組んでみようかな」

こうやって実例を持ち寄って話し合っていると、いろいろな具体的なアイデアが交換されることが、この会合の思わぬ副産物になっていた。

「それとですね、こうして『任せる』を意識してやってみてわかったことですけど、任せようと思ったら、部下のことをよく見ていないといけないんですよね。あたり前かもしれないけれど、これができていなかったことに気づかされました。一人ひとりの部下のいい所、やりたいと思っていることもわかっていなかった。だから、次は部下のことをよく知るために『聴く』ということを意識してやることにトライしていこうと思っています」

「いいじゃない。でも、まず一つのことから始めてみるやり方は良かったよね。一つをちゃんとやろうとすると、それをやるために他のことで大切なことが見つかることもわかってきたし。それこそ、目的が明確になって新しいトライに入れるから、次はこれをやってみようと思うようになった。欲張ってあれこれ最初からやろうとしないで良かったよ」

ワインを一口飲みながら、佐藤が語った。他の二人も賛同した。

次に牧村が手をあげて、自分の話を始めた。

「じゃあ、今度は私いきますね。『不安感』に向き合うというのが、引き続きの私のテーマで、この一ヵ月もやってきました。最初にリーダーとして着任したときに、全員にヒアリングして、今何が大変なのか、仕事を進めるうえで、プライベートも含めてどのような悩みがあるかを話してもらい、出てきたことは受け流さないように整理して、解決すべきことを約束して取り組んできました。

もちろん、まだ全然解決はできていないし、道半ばだけれど、この前、部下の子とランチをしていたら、その子から『牧村さんが来てくれて良かったですよ』と言われたの。

私は嬉しいのが半分驚きが半分で、『えっ、どうして？　みんなから見たら頼りないんじゃない？』って訊いたの。

そうしたら彼女は、『自分たちの一番の不安は、また今回のリーダーも前任者の否定から始まるのかなということだったんです』と話してくれました。これまで、このチームは何回かそれが続いていて、メンバーみんな辟易《へきえき》していたそうです。でも、『牧村さんはみんなの話を聞いてくれて、私たちが仕事しやすいように整理してくれる。だから、すごく嬉しくて、この前もメンバーの子同士でご飯食べに行ったときに〈今度のリーダーいいよね〉って話していたんですよ』なんて言われちゃったんです。私ランチ時だっていうのに、何かもう涙出てきちゃいました」

「良かったね、美香」

「頑張った甲斐があったじゃないか。いいなあ、俺も一度言われてみたいよ、部下からそんなセリフ」

「ありがとうございます。それとこの前、私の上司との中間面談があって、そこで言われたんです」

「どんなことを言われたの？」

「牧村は自分のことを、根が内向的だ、内向的だからリーダーには向かないって言っていたけど、内向的で良かったんじゃないかって」

「内向的で良かった、と」

「うん。内向的だからこそ、人のことをよく観察して、わかってあげられて。それと内向的だからこそ、自分の行動を反省して改善しようとする。これはリーダーとして素晴らしいことだよ、って」

「おおっ、いいねえ。その上司もまたいいねえ」

「うん。それでその上司が教えてくれたんだけれど、**リーダーとして大成している人は、じつは内向的な人のほうが多い**って。例えば松下幸之助さんとか、稲盛和夫さんとか、柳井正さんとか。

その上司が言うには、外交的な人はいっけん人当たりが良くて口がよく回ってリーダーシップがあるように見えるけれど、内向的な人のほうが牧村みたいに、よく観察して人や物事の真理を見抜く力に優れていたり、謙虚に反省し続けられるから、そっちのほうがじつはリーダーとして成長するうえではいいんじゃないかって。勝手な俺の説だけどね、と言って笑っていたけれど。

私を元気づけようと思って考えてくれたとしても、それでもすごく嬉しかった。これでもいいんだと、ちょっとだけ、自分に自信を持てた気分になれた」

佐藤と高野が微笑ましく牧村を見つめていると、そこへママが顔を出した。

「皆さんこんばんは。今日はいつもの勉強会ね。その様子だと、何かいいお話でもあったのかしら」

するとと高野が、先ほど聞いた牧村の話をかいつまんでママに伝えた。

「あら、素敵じゃない。牧村さん、頑張っているのね」

「はい。なんとかやっています。メンバーに支えてもらいながらですけど」

「いいのよ、それで」。ママは、牧村を包み込むような目を向けた。

「ママ、次は俺の番だけど、話聞いていってくれる?」

「もちろんよ」

よし、っと張り切った様子で佐藤が自分の話を始めた。

「俺の今続けているコミットメントテーマは『感謝』なんだけど、最近ようやく、口を開いたときに出る言葉が『ありがとう』になってきたんだ。

二人には最初の一ヵ月目の自主勉強会のときにも言ったけれど、簡単だと思っていた割に、最初は意外と口から『ありがとう』のひとことが部下に対して出なかった。唇の筋肉が随分硬直していたんだなあ。せいぜい『どうも』くらいしか出てこなかった。『どうも』という言葉は便利だけれど、あれじゃダメだね。『どうも』だと感謝されているんだかなんだか、よくわからないよな。

まあ、とにかく、最初は思いがけないところから苦労した。今は、ようやくスムースに言えるようになってきたところかな。

でも、最初は面白かったよ、部下の顔が。急に俺が『ありがとう』なんて言うものだから、キョトンとした顔をしてね。部下たちの間では、俺が深刻な病気なんじゃないか、長く持たないんじゃないか、それで今までのお礼を言おうとしているんじゃないかなんていう馬鹿なうわさも立ったらしい。

まあ、でもどう部下に受け取られようがかまいやしないと腹をくくって、やり続けているんだけれど、やっぱり続けていると変化が少し出てくるものだな」

「今、どんな変化が出てきているんですか」。高野が訊く。

「単純なことなんだけどな。ひとことで言うと職場が明るくなった」

「いいことじゃないですか！」

「そうだよな。毎日勤めていると職場ってこんなものかなって鈍感になっていたんだけれど、やっぱり明るいといいよな。以前は断片的だったやり取りが、話が弾むようになったしね。周りのことにみんなが気づくようにもなった。職場が明るいといいことあるなあ、って今さらながらにわかってきた。

それで、この前、ちょいとした事件があってさ」

「事件ですか？」

「まあ、事件というほどの話ではないけれどね。ちょっと大きなミスを、職場の中の一番若手の社員がやってしまったんだ。彼の職場先輩にあたる奴がいて、その若手社員の仕事は二重チェックしたという。しかし、ミスとして外に出てしまったのは事実なので、とにかくリカバリーしようと言って解決にあたらせた。その先輩は死に物狂いでリカバリーを頑張った。幸い迷惑をかけた取引先の許しは頂いたものの、相手に借りを作る結果になってしまった。そいつは先輩としてミスを防げなかったことと、完全リカバリーができなかったことにすごくしょげていたんだけれど、俺はそいつが人のせいにしたり、逃げ出したりせず、先輩として自分の責任でそこまで必死になってリカバリーをやってくれたこと自体が嬉しかった。だから『ありがとう』と伝えたんだ。

そうしたら、その事件以来だと思うんだよね、職場の中でお互いがお互いを積極的にフォローするようになってきたんだ。前までは、たこつぼに入っているかの如く、自分のこと以外は関心がない、みたいな職場だったのに。これが最近あった嬉しかったことかな」

「佐藤さん、素晴らしいじゃないですか。素敵な話ですよ、それ」

牧村が大きな目をことさら大きく開いて喜びを表現した。

佐藤も満更ではなかった。感謝をしっかりと言葉で伝えることがどれだけ職場を変えるのか、じつは半信半疑だったところもあった。しかし、実際、自分が率先垂範して、継続すると、職場の雰囲気だけでなく、スタッフの行動にも変化が出てくることを実感できるようになり、ますます磨きをかけようと心の中で誓った。そして、ふと頭に浮かんだ言葉をそのまま言った。

「結局、**リーダーシップは、人が人に対して働きかけることなんだから、このあたり前のことをあたり前にできるようにする**。恥ずかしながらこの歳になってようやく実感としてわかったことなんだけど、自分がその気になればいつからだって始められる。早すぎるということも、遅いということもない。俺はやる。俺は変わる」

ママは、本当に嬉しそうな顔をして話を聞いていた。そして言った。

「皆さん、成長著しくて、とても素敵だわ。おかげさまで私も皆さんからとても素敵なことを学ばせてもらったわ」

「俺たち何もママに教えていないよ」

「そうよ、私たちはただ一方的にママから学ばせてもらったに過ぎないわ」

「そんなことはないわよ。とても大事なことを学ばせてもらいました」

「どんなことを？」と、高野が尋ねた。

ママは三人の顔を見つめ、少し間をおいてから言った。

「『**素直さに勝る成長材料なし**』、ってことをよ」

参考文献

『経営者になるためのノート』柳井正、PHP研究所、2015年
『信頼のリーダーシップ』ジェームズ・M・クーゼス、バリー・Z・ポスナー、岩下貢・訳、生産性出版、1995年

イラスト………渡辺恵美
手書き文字……依田則子、山口学

【著者略歴】

河合太介　（かわい　だいすけ）

人と組織のマネジメント研究所　㈱道《タオ》代表取締役社長
経営コンサルタント。早稲田大学大学院経営管理研究科非常勤講師。早稲田大学政治経済学部卒。長銀総合研究所、ワトソンワイアット（現ウイリス・タワーズワトソン）を経て、現職。
成長、変革、戦略推進のための組織人事の専門家。日本を代表する大企業やベンチャー企業等のコンサルティングや企業研修を行っている。現在特に中心とするテーマはリーダーシップ、チームビルディング、職場コミュニケーション。現代社会の職場の問題を指摘し28万部超のベストセラーとなった『不機嫌な職場』（共著、講談社現代新書）、本田宗一郎氏をモデルにした10万部超のビジネス寓話『ニワトリを殺すな』（ケビン・D・ワンのペンネームを使用。幻冬舎）等、著書多数。

本物《ほんもの》のリーダーは引《ひ》っ張《ぱ》らない
――チームをつくる4つの感情《かんじょう》スイッチ

2018年11月15日　第1刷発行

著　者……………………河合太介《かわいだいすけ》

装　幀……………………水戸部 功

発行者……………………渡瀬昌彦
発行所……………………株式会社講談社
東京都文京区音羽2丁目12－21［郵便番号］112－8001
電話［編集］03－5395－3522
［販売］03－5395－4415
［業務］03－5395－3615

印刷所……………………慶昌堂印刷株式会社
製本所……………………株式会社国宝社

ISBN978-4-06-513768-0